Studien zur Deutschen Sprache

FORSCHUNGEN DES INSTITUTS FÜR DEUTSCHE SPRACHE

Herausgegeben von
Ulrike Haß, Werner Kallmeyer und Ulrich Waßner

Band 33 · 2006

Kristel Proost / Gisela Harras / Daniel Glatz

Domänen der Lexikalisierung kommunikativer Konzepte

gnⱯ Gunter Narr Verlag Tübingen

Bibliografische Information der Deutschen Bibliothek

Die Deutsche Bibliothek verzeichnet diese Publikation in der Deutschen Nationalbibliografie; detaillierte bibliografische Daten sind im Internet über <http://dnb.ddb.de> abrufbar.

© 2006 · Narr Francke Attempto Verlag GmbH + Co. KG
Dischingerweg 5 · D-72070 Tübingen

Das Werk einschließlich aller seiner Teile ist urheberrechtlich geschützt. Jede Verwertung außerhalb der engen Grenzen des Urheberrechtsgesetzes ist ohne Zustimmung des Verlages unzulässig und strafbar. Das gilt insbesondere für Vervielfältigungen, Übersetzungen, Mikroverfilmungen und die Einspeicherung und Verarbeitung in elektronischen Systemen.
Gedruckt auf säurefreiem und alterungsbeständigem Werkdruckpapier.

Internet: http://www.narr.de
E-Mail: info@narr.de

Satz: Hohwieler, Mannheim
Druck und Bindung: Hubert & Co., Göttingen
Printed in Germany

ISSN 0949-409X
ISBN 3-8233-6199-6

Inhalt

Vorwort

Die drei Beiträge des vorliegenden Bandes sind aus dem von der Deutschen Forschungsgemeinschaft geförderten Projekt „Tendenzen der Lexikalisierung kommunikativer Konzepte", das im Zusammenhang mit dem IDS-Projekt „Handbuch deutscher Kommunikationsverben" durchgeführt wurde, hervorgegangen. Schwerpunkt des genannten Projekts waren zwei zentrale Fragestellungen:

1) der Aspekt der Verteilung lexikalischer Lücken und der Status von komplexen Ausdrücken (Kollokationen und Idiomen) bei der Lexikalisierung kommunikativer Konzepte;

2) der Aspekt der Lexikalisierung von ereignisstrukturellen Eigenschaften durch Kommunikationsverben und das dadurch determinierte Verhältnis von Konzept- und Argumentstruktur, besonders auch im Vergleich zu ereignisstrukturellen Eigenschaften von Funktionsverbgefügen.

Zusätzlich zu den Beiträgen zu diesen beiden Aspekten ist in diesem Band noch ein Beitrag zur Lexikalisierung von Bewertungen durch Sprechaktverben mit aufgenommen worden.

Der Beitrag von Kristel Proost stützt sich auf ein Korpus von 676 Phraseologismen, mit denen auf kommunikative Handlungen Bezug genommen wird. Die darin enthaltenen Kollokationen können weitaus häufiger den Paradigmen einfacher Ausdrücke zugeordnet werden als die Idiome. Dies legt den Schluss nahe, dass mit Idiomen grundsätzlich andere kommunikative Konzepte lexikalisiert sind als mit Kollokationen. Insgesamt erfüllen Idiome die folgenden Lexikalisierungsfunktionen:

– Sie expandieren die Bedeutung von Sprechakt- und Kommunikationsverben, indem sie konzeptuelle Komponenten lexikalisieren, die nicht in der Bedeutung der entsprechenden Verben enthalten sind;

– sie lexikalisieren Kombinationen von Elementen unterschiedlicher Typen von Bezugssituationen und konstituieren Mischparadigmen kommunikativer Ausdrücke;

– sie lexikalisieren Ausprägungen von kategorialen Aspekten, die nicht mit Sprechakt- und Kommunikationsverben lexikalisiert sind und konstituieren dadurch eigene Paradigmen kommunikativer Ausdrücke.

In dem Beitrag von Gisela Harras werden Lexikalisierungen von Bewertungen in Sprechaktverben untersucht, wobei drei Fälle von Bewertungslexikalisierung unterschieden werden:

- Fälle, in denen die Bewertung ein Element der Rekurssituation darstellt,

- Fälle, in denen die Bewertung ein Element der Diskurssituation darstellt,

- Fälle, in denen die Bewertung sowohl ein Element der Rekurs- als auch ein Element der Diskurssituation darstellt.

Neben den genannten expliziten Bewertungen werden implizite Bewertungen unterschieden, d.h. Elemente von Vorbedingungen für Akte. Welchen Status diese auf der lexikalischen Ebene haben, Präsuppositionen oder generalisierte Implikaturen, wird diskutiert.

In dem Beitrag von Daniel Glatz wird untersucht, ob Funktionsverbgefüge im Vergleich zu einfachen Ausdrücken einen semantischen Mehrwert aufweisen, wobei das Hauptinteresse auf den ereignisstrukturellen Eigenschaften der untersuchten Bildungen liegt. Es stellt sich u.a. heraus, dass die Literatur die neueren Ergebnisse zur Zeitkonstitution und Ereignisstruktur kaum zu Kenntnis nimmt. Damit hängt auch zusammen, dass es kein einheitliches Konzept von Funktionsverbgefügen gibt. Insgesamt stellt sich heraus, dass sich die Ereignisstruktur von Funktionsverbgefügen in Abhängigkeit vom Gehalt des Funktionsverbs, des Funktionsnomens und der Eigenart der jeweiligen Präposition sowie der Definitheit konstituiert. Auffällig und ungeklärt bleibt, wieso Funktionsverbgefüge allesamt nicht die Eigenschaft von activity-Ausdrücken haben, obwohl die entsprechenden einfachen Lexikalisierungen activity-Ausdrücke sind.

Während der Projektarbeit hatten wir Gelegenheit, mit vielen Kolleginnen und Kollegen anregende und fruchtbare Gespräche zu führen. Besonders danken wir Christiane Fellbaum (Princeton), Dimitrij Dobrovols'kij (Moskau), Stefan Engelberg (Wuppertal) und Jef Verschueren (Antwerpen) sowie unseren studentischen Hilfskräften Kerstin Nieradt und Ilona Link für die Erstellung des Idiom-Korpus.

Mannheim, im Januar 2005

Gisela Harras & Kristel Proost

Kristel Proost

Idiome als Lückenfüller?

1. Einleitung

Thema dieses Beitrags sind die Lexikalisierungseigenschaften komplexer kommunikativer Ausdrücke des Deutschen. Unter „Lexikalisierungseigenschaften" verstehe ich die Eigenschaften lexikalischer Ausdrücke, bestimmte Konzepte zum Ausdruck zu bringen. Als lexikalische Ausdrücke gelten sowohl einfache lexikalische Ausdrücke, d.h. Wörter, als auch komplexe lexikalische Ausdrücke, d.h. Idiome und Kollokationen. In diesem Beitrag werde ich der Frage nachgehen, ob die Verteilung von einfachen und komplexen Lexikalisierungen im Wortschatzausschnitt der kommunikativen Ausdrücke bestimmte Regularitäten aufweist, d.h. ob einfache und komplexe Lexikalisierungen jeweils bestimmte kommunikative Konzepte lexikalisieren. Im Mittelpunkt steht die Frage, ob komplexe kommunikative Ausdrücke Lücken im Wortschatzbereich der kommunikativen Ausdrücke füllen.

In der Literatur zur Phraseologie wird verschiedentlich die These vertreten, dass Phraseologismen Sprechereinstellungen lexikalisieren, die häufig auch Bewertungen desjenigen Sprechers sind, der den Phraseologismus verwendet (vgl. Černyševa 1984, S. 18; Dobrovol'skij 1988, S. 38-42; Kühn 1985, S. 42-44; Schindler 1993, S. 101-103; Nunberg/Sag/Wasow 1994, S. 493). Da aber kommunikative Ausdrücke im Allgemeinen, d.h. auch solche, die nur aus einem Wort bestehen, Sprechereinstellungen lexikalisieren, die häufig ebenfalls Bewertungen sind, erhebt sich die Frage, worin sich die Sprechereinstellungen, die durch komplexe kommunikative Ausdrücke lexikalisiert sind, von denjenigen unterscheiden, die durch einfache kommunikative Ausdrücke lexikalisiert sind. Aus diesem Grund ist der Wortschatzausschnitt der kommunikativen Ausdrücke besonders für eine vergleichende Untersuchung der Lexikalisierungseigenschaften einfacher und komplexer lexikalischer Ausdrücke geeignet.

In diesem Beitrag geht es ausschließlich um die Lexikalisierung von Sprachhandlungskonzepten. Andere kommunikative Konzepte wie etwa solche, auf die mit Nomina wie *Überzeugung* oder *Beleidigung* oder mit Adjektiven wie *wortkarg* oder *gesprächig* Bezug genommen wird, werden nicht berücksichtigt. Mit diesen Ausdrücken wird auf Eigenschaften von Sprechern bzw. auf das Resultat einer sprachlichen Handlung Bezug genommen. Sprachhandlungskonzepte sind mit Ausdrücken der Kategorie 'Verb' lexikalisiert.

Zu den einfachen kommunikativen Ausdrücken, mit denen auf Konzepte des sprachlichen Handelns Bezug genommen wird, gehören sowohl Sprechaktverben als auch Kommunikationsverben. Sprechaktverben wie z.B. *versprechen*, *loben* und *mitteilen* lexikalisieren Kombinationen von Sprechereinstellungen wie die Einstellung des Sprechers zur Proposition, die Sprecherabsicht und die Vorannahmen des Sprechers. Mit Verben wie *mailen*, *leiern*, *reden* und *sagen* wird nicht auf solche Sprechereinstellungen Bezug genommen, sondern vielmehr auf ein bestimmtes Kommunikationsmedium (*mailen*), die Art und Weise des Äußerns (*leiern*, *flüstern*), die Tatsache des Äußerns (*sagen* und *reden*) usw. Solche Verben werden im Folgenden als „Kommunikationsverben" bezeichnet.

Der Wortschatzausschnitt der kommunikativen Ausdrücke einer bestimmten Sprache umfasst nicht nur einfache, sondern auch komplexe Ausdrücke der Kategorie 'Verb'. Beispiele komplexer Lexikalisierungen, mit denen auf sprachliche Handlungen Bezug genommen wird, sind Idiome wie *jemandem etwas auf die Nase binden*, *Fraktur reden* und *goldene Berge versprechen* sowie die Kollokationen *eine Frage stellen*, *ein Versprechen geben* und *einen Vorschlag machen*. (Zur Unterscheidung von Kollokationen und Idiomen, vgl. Abschnitt 2.3,)

Der Lexikalisierungsraum kommunikativer Konzepte umfasst nicht nur die einfachen und komplexen kommunikativen Ausdrücke einer bestimmten Sprache, sondern auch die Lücken im Bestand der kommunikativen Ausdrücke dieser Sprache. Damit sind solche Fälle gemeint, in denen es für ein bestimmtes Konzept keinen entsprechenden Ausdruck im Lexikon einer Sprache gibt. Ein Beispiel ist das Konzept eines Sprechaktes, in dem ein Sprecher ein zukünftiges Ereignis als positiv für sich selbst, für den Hörer oder für eine dritte Person bewertet. Ein anderer Sprecher, der den Sprechakt des ersten Sprechers beschreibt, muss dies mit einer mehr oder weniger aufwändigen Paraphrase tun, denn das Lexikon des Deutschen verfügt nicht über beschreibende Ausdrücke wie etwa **weiß malen* zur Bezugnahme auf Sprechakte dieser Art. Zur Bezugnahme auf Sprechakte, in denen ein Sprecher ein zukünftiges Ereignis als negativ bewertet, stehen sowohl einfache als auch komplexe Lexikalisierungen wie *schwarz malen*, *unken* und *den Teufel an die Wand malen* zur Verfügung. Fälle fehlender Lexikalisierungen zur Bezugnahme auf ein bestimmtes Konzept werden im Folgenden als „lexikalische Lücken" bezeichnet. Die im Wortschatzausschnitt der kommunikativen Ausdrücke auftretenden Lücken gehören zusammen mit den einfachen und komplexen kommunikativen Ausdrücken einer bestimmten Sprache zum Lexikalisierungsraum kommunikativer Konzepte.

Wenn nicht nur die tatsächlich vorhandenen, sondern auch die grundsätzlich möglichen, aber nicht existierenden Lexikalisierungen erfasst werden sollen, kann man nicht nur von den bestehenden lexikalischen Ausdrücken einer bestimmten Sprache ausgehen. Dies bedeutet, dass herkömmliche Wörterbücher kein geeignetes Mittel zur vollständigen Erfassung des Lexikalisierungsraums bestimmter Konzepte sind. Traditionelle Wörterbücher sind Listen von Relationen zwischen Konzepten und den lexikalischen Ausdrücken einer Sprache oder eines bestimmten Wortschatzausschnitts einer Sprache. Sie zeigen, in welchen Fällen ein Ausdruck mehrere Konzepte lexikalisiert und wann umgekehrt einem einzigen Konzept mehrere Ausdrücke gegenüberstehen. Es können also Bezeichnungsrelationen wie Synonymie, Hyponymie, Hyperonymie, Polysemie, Homonymie usw. erfasst werden. Die Relationen zwischen Konzepten und solche zwischen lexikalischen Ausdrücken können allerdings nicht erfasst werden. Diese können nur mittels eines Begriffsnetzes, das die Ordnung der Konzepte darstellt, bestimmt werden. Ein solches konzeptuelles Ordnungssystem hat den Vorteil, dass nicht nur einfache und komplexe Lexikalisierungen, sondern auch die fehlenden Lexikalisierungen, die lexikalischen Lücken, ermittelt werden können (vgl. Harras 1998, S. 6-9).

Ein Beispiel eines Ordnungssystems für kommunikative Konzepte ist die Klassifikation von Edmondson, mit der direktive, kommissive, expressive und einige wenige repräsentative Sprechakte erfasst werden (vgl. Edmondson 1981). Edmondsons Ordnungssystem enthält 32 Kombinationen von Werten für fünf binäre Parameter. Diese 32 Wertekombinationen stellen Situationstypen dar, auf die in direktiven, kommissiven, expressiven und teilweise auch repräsentativen Sprechakten Bezug genommen wird. Den meisten dieser 32 Wertekombinationen können kommunikative Ausdrücke zugeordnet werden. Mit denjenigen Wertekombinationen, denen keine kommunikativen Ausdrücke entsprechen, werden lexikalische Lücken erfasst.

Auch wenn mit dieser Klassifikation nur eine Teilmenge der kommunikativen Ausdrücke einer bestimmten Sprache erfasst werden kann, zeigen sich in der Verteilung dieser Ausdrücke über die 32 Wertekombinationen von Edmondsons Matrix bereits bestimmte Tendenzen der Lexikalisierung kommunikativer Konzepte (vgl. Proost 2001). Hinsichtlich der Verteilung von einfachen und komplexen Ausdrücken hat sich gezeigt, dass mit diesem Ordnungssystem zwar einerseits eine Großzahl von Sprechaktverben und sprechaktbezogenen Kollokationen, andererseits aber auch nur einige wenige sprechaktbezogene Idiome eingeordnet werden können. Das Ordnungssystem erlaubt nur die Einordnung solcher Idiome, deren Bedeutung sich vollständig mit der der erfassten Verben deckt. Ein Beispiel ist das Idiom *jemandem einen Bären aufbinden*, das sich nur hinsichtlich seiner Verwendungsweisen, nicht aber hinsichtlich seiner lexikalischen Bedeutung von seinem einfachen Gegenstück *lügen* unterscheidet. Im Gegensatz zu Idiomen treten Kollokationen in Edmondsons Matrix fast immer als Synonyme zu den einfachen Lexikalisierungen auf. Beispiele sind *verfluchen – einen Fluch aussprechen/verhängen*, *anbieten – jmdm. ein Angebot machen/unterbreiten* und *drohen – Drohungen aussprechen/ausstoßen*. Fälle, in denen es für eine bestimmte Kollokation kein entsprechendes Verb gibt, sind selten. Ein Beispiel einer solchen Ausnahme ist *ein Ultimatum stellen*, für das es kein entsprechendes Verb *ultimatieren* gibt. In Edmondsons Matrix treten sprechaktbezogene Idiome eher selten als Synonyme zu den Sprechakt- und Kommunikationsverben auf: Fälle, in denen zur Lexikalisierung eines bestimmten Konzepts sowohl ein Verb (oder Verben) als auch ein Idiom (oder Idiome) zur Verfügung stehen, kommen nur selten vor. Beispiele solcher Ausnahmefälle sind *zumuten – aufbürden – jemandem etwas aufs Auge drücken* sowie die bereits erwähnten Ausdrücke *lügen – jemandem einen Bären aufbinden* und *unken – schwarz malen – den Teufel an die Wand malen*.

Diese Beobachtungen hinsichtlich der Verteilung von einfachen lexikalischen Ausdrücken und Kollokationen einerseits und Idiomen andererseits legen den Schluss nahe, dass Kollokationen sich hinsichtlich ihrer Lexikalisierungseigenschaften kaum von den einfachen Lexikalisierungen unterscheiden, während Idiome eine besondere Funktion bei der Lexikalisierung von Sprachhandlungskonzepten zu erfüllen scheinen. Aus diesem Grund werde ich im Folgenden besonders auf die Frage eingehen, welche Funktionen Idiome im Wortschatzausschnitt der kommunikativen Ausdrücke erfüllen.

Im Hinblick auf die Frage, welche Funktionen Idiome im Lexikalisierungsraum kommunikativer Konzepte erfüllen, werde ich zunächst die Möglichkeit in Betracht ziehen, dass Idiome Lücken im Bestand der einfachen kommunikativen Ausdrücke schließen. Die Frage, ob Idiome tatsächlich die Lücken im Bestand der Sprechakt- und Kommunikationsverben schließen, kann aber erst dann beantwortet werden, wenn klar ist, welchen Status einfache und komplexe Lexikalisierungen im Lexikon einer bestimmten Sprache haben und wie sich der lexikalische Status von Idiomen von dem von Kollokationen unterscheidet. Komplexe Lexikalisierungen kommen nur dann als Füller von Lücken im Bereich der einfachen kommunikativen Ausdrücke in Betracht, wenn gezeigt werden kann, dass sie einen wortähnlichen Status im Lexikon einnehmen. Auf die Frage, welche Position komplexe Lexikalisierungen im Lexikon einer bestimmte Sprache einnehmen, werde ich im nächsten Abschnitt eingehen.

2.   Der lexikalische Status komplexer Lexikalisierungen

Kommunikative Ausdrücke wie *jemandem einen Bären aufbinden* und *jemandem ein Versprechen geben* werden in der Literatur zur Phraseologie als „feste", „usuelle" oder „phraseologische" Wortverbindungen oder auch als „Phraseologismen" bezeichnet. Im Folgenden verwende ich die Bezeichnung „Phraseologismen" als Oberbegriff für alle Arten fester Wortverbindungen. Phraseologismen unterscheiden sich einerseits von freien Wortverbindungen wie Sätzen und Phrasen, andererseits aber auch von den Wörtern, die ich in Anlehnung an Verschueren als „einfache Lexikalisierungen" bezeichne. Damit unterscheide ich sie von den polylexikalischen Wortschatzeinheiten, die ich (ebenfalls in Anlehnung an Verschueren) als „komplexe Lexikalisierungen" bezeichne (vgl. Verschueren 1985, S. 30f.).

2.1   Komplexe Lexikalisierungen vs. freie Wortverbindungen

Phraseologismen unterscheiden sich von freien Wortverbindungen durch die Eigenschaft der Lexikalisierung: Phraseologismen sind Wortverbindungen, die Lexikoneinheiten bilden, während freie Wortverbindungen bei ihrer Produktion oder Rezeption jedes Mal neu zusammengesetzt bzw. in ihre Konstituenten zerlegt werden müssen. Phraseologismen können als lexikalisiert, d.h. als Lexikoneinheiten, betrachtet werden, weil sie ein gewisses Maß an struktureller Stabilität aufweisen. Die Struktur phraseologischer Wortverbindungen ist insgesamt stabiler als die freier Wortverbindungen, weil Phraseologismen nicht die Anwendung des ganzen Spektrums grammatischer Regeln erlauben, die auf freie Wortverbindungen angewendet werden können. Zur strukturellen Stabilität phraseologischer Wortverbindungen tragen Restriktionen der Anwendung morphologischer, semantisch-lexikalischer und syntaktischer Regeln bei.

## 2.1.1	Morphologische Stabilität

Die Restriktionen der Anwendung morphologischer Regeln, die phraseologische im Gegensatz zu freien Wortverbindungen aufweisen, zeigen sich darin, dass manche Wörter, die in Phraseologismen vorkommen, auf eine ganz bestimmte Form festgelegt sind. Manche Verben und Nomen, die Teil eines Phraseologismus sind, kommen beispielsweise nur in bestimmten Flexionsformen vor (vgl. Burger 1998, S. 22f.; Dobrovol'skij 1995, S. 38f.; Fernando 1996, S. 43-45). In den Phraseologismen in den Beispielen (1)-(3) ist das Verb z.B. auf ein bestimmtes Tempus festgelegt: (In den Beispielen bedeutet '#', dass die intendierte – hier die idiomatische – Lesart nicht zustande kommt. '?' bedeutet, dass der Satz weder in seiner idiomatischen noch in seiner wörtlichen Lesart wohlgeformt ist.)

(1)	(nicht) auf den Kopf gefallen sein

(1a)	Der ist auch nicht auf den Kopf gefallen!

(1b)	#Der fiel auch nicht auf den Kopf!

(1c)	#Der wird auch nicht auf den Kopf fallen!

(1d)	#Der fällt auch nicht auf den Kopf!

(2)	einen Narren an jmdm. gefressen haben

(2a)	Er hat einen Narren an seiner Nachbarin gefressen.

(2b)	?Er fraß einen Narren an seiner Nachbarin.

(2c)	?Er wird einen Narren an seiner Nachbarin fressen.

(2d)	?Er frisst einen Narren an seiner Nachbarin.

(3)	Der/Dieser Zug ist abgefahren.

(3a)	Dieser Zug ist längst abgefahren!

(3b)	#Dieser Zug fuhr längst ab!

(3c)	#Dieser Zug wird bald abfahren!

(3d)	#Dieser Zug fährt bald ab!

Diese Beispiele zeigen, dass manche Wortverbindungen nur dann als Phraseologismen interpretiert werden, wenn das in ihnen enthaltene Verb in einer bestimmten Verbform (hier Perfekt) vorkommt. Eine Änderung des Tempus bewirkt, dass die Wortverbindung entweder als ungrammatisch beurteilt oder als eine freie Verbindung von Wörtern interpretiert wird. Ein Tempuswechsel ist allenfalls bei sprachspielerischen Verwendungsweisen möglich (vgl. Beispiele (4) und (5):

(4)   Du wirst bestimmt bald einen Narren an ihr fressen.

(5)   Ich kann Dir versichern, dass dieser Zug schon bald abfahren wird.

Nicht-usualisierte Varianten wie *jmd. wird einen Narren an jmdm. fressen* und *der Zug wird abfahren* sind Sprachspielereien, die gerade deswegen als witzig oder kreativ empfunden werden, weil sie von der kanonischen Erscheinungsform der betreffenden Idiome abweichen. Ohne die Norm, d.h. die kanonische Form, wäre die Abweichung gar nicht als solche erkennbar. Allerdings sind Idiome, die keinen Tempuswechsel des in ihnen enthaltenen Verbs erlauben, Ausnahmen. Die meisten Idiome sind hinsichtlich eines Tempuswechsels flexibel.

Anders verhält es sich mit einem Numeruswechsel der in Idiomen enthaltenen Nomina. Nomina, die Teil eines Phraseologismus sind, kommen häufig nur im Singular oder nur im Plural vor. Ähnlich wie ein Tempuswechsel kann ein Numeruswechsel zum Verlust der phraseologischen Lesart führen (vgl. Beispiel (6)). Ist auch eine wörtliche Lesart ausgeschlossen, wird die Wortverbindung als ungrammatisch beurteilt (vgl. Beispiel (7)).

(6)   sich mit fremden Federn schmücken

(6a)   Das Verdienst war gar nicht sein eigenes; [#]er hat sich nur mit einer fremden Feder geschmückt!

(7)   jmdm. auf den Keks gehen.

(7a)   [?]Das geht mir gewaltig auf die Kekse!

(7b)   [?]Du gehst mir gewaltig auf die Kekse!

In anderen Fällen ist ein Numeruswechsel einer nominalen Idiomkonstituente durchaus erlaubt:

(8)   jmdm. einen Floh ins Ohr setzen

(8a)   ... so ist es Anfang dieser Woche gekommen, wie es kommen musste, wenn Sie den Leuten derartige **Flöhe ins Ohr setzen**: Im Berner Bärengraben stieg doch tatsächlich einer über die Abschrankung, um Ihre Theorie in der Praxis zu überprüfen. (Züricher Tagesanzeiger, 12.12.1998, S. 77)

(9)   jmdm. die Würmer (einzeln) aus der Nase ziehen

(9a)   Mit dem gleichen Redefluss hält er ... ganze Horden von Stierkampf-Kritikern auf Trab. Die lauschen ganz entzückt – wo sie doch sonst den wortkargen, introvertierten Matadoren vom alten Schlage **jeden Wurm aus der Nase ziehen** müssen. (Mannheimer Morgen, ?.06.1991)

In ihrer Arbeit zur Flexibilität deutscher Sprechakt-Idiome bringt Nieradt die Fähigkeit bzw. die Unfähigkeit von Phraseologismen (besonders von Idiomen), den Numerus des in ihnen auftretenden Nomens zu wechseln, mit ihrer formal-semantischen Teilbarkeit in Verbindung (vgl. Nieradt 2001, S. 142-144). Ein Idiom gilt als teilbar, wenn zur Erklärung seiner Bedeutung eine Paraphrase angegeben werden kann, in der Teile seiner lexikalischen Struktur mit Teilen seiner Bedeutung korrespondieren (vgl. Nunberg/Sag/ Wasow 1994). Ein Beispiel eines teilbaren Idioms ist *den Wald vor lauter Bäumen nicht sehen*. Zur Erklärung der Bedeutung dieses Idioms kann eine Paraphrase gefunden werden, in der Teile der formalen Struktur des Idioms mit Teilen seiner Bedeutung übereinstimmen (z.B. 'das große Ganze vor lauter Einzelheiten nicht erkennen'). In dieser Paraphrase wird der Komponente *den Wald* die Bedeutung 'das große Ganze', der Komponente *Bäumen* die Bedeutung 'Einzelheiten' und *sehen* die Bedeutung 'erkennen' zugeordnet. Ein Idiom wie *ins Gras beißen* weist keine solche Homomorphie von Form und Bedeutung auf. Dementsprechend gilt dieses Idiom als nichtteilbar.

Idiome wie *jmdm. einen Floh ins Ohr setzen* und *jmdm. die Würmer (einzeln) aus der Nase ziehen* (Beispiele (8) und (9)) sind teilbar, denn sie weisen eine Homomorphie von Form und Bedeutung auf. *Jmdm. einen Floh ins Ohr setzen* kann paraphrasiert werden als 'bei jmdm. große Erwartungen wecken'. In dieser Paraphrase korrespondiert die Konstituente *einen Floh* mit der Bedeutung 'große Erwartungen' und die Konstituente *ins Ohr setzen* mit der Bedeutung 'wecken'. Die Bedeutung des Idioms *jmdm. die Würmer (einzeln) aus der Nase ziehen* kann anhand der Paraphrase 'jmdm. etwas nach und nach durch Fragen entlocken' erklärt werden, die zeigt, dass der Konstituente *Würmer* die Bedeutung 'die Information, die einem entlockt werden soll' und der Konstituente *aus der Nase ziehen* die Bedeutung 'entlocken' zugeordnet werden kann. Diese Paraphrasen zeigen, dass die betreffenden Idiome formal-semantisch teilbar sind, was nach Nieradt eine Voraussetzung für einen Numeruswechsel innerhalb eines Idioms ist. Laut Nieradt lassen nur solche nominalen Idiom-Konstituenten, die semantisch autonom sind, eine Modifikation ihres Numerus zu (vgl. Nieradt 2001, S. 142). Da sowohl die Konstituente *einen Floh* in *jmdm. einen Floh ins Ohr setzen* als auch die Konstituente *die Würmer* in *jmdm. die Würmer (einzeln) aus der Nase ziehen* semantisch autonom sind, erlauben die in diesen Konstituenten enthaltenen Nomina einen Wechsel ihres Numerus. Die Bedingung der formal-semantischen Teilbarkeit könnte auch eine Erklärung dafür sein, dass das Idiom *jmdm. auf den Keks gehen* (Beispiel (7)) keinen Numeruswechsel des Nomens *Keks* erlaubt. Da dieses Idiom keinerlei Homomorphie von Form und Bedeutung aufweist, ist es nicht teilbar, d.h., die Idiom-Konstituente *den Keks* ist nicht semantisch autonom. Demzufolge erlaubt das Nomen *Keks* als Teil des Idioms *jmdm. auf den Keks gehen* keinen Numeruswechsel. Diese Beispiele zeigen, dass die morphologische Flexibilität von Idiomen zumindest teilweise aufgrund der formal-semantischen Teilbarkeit der betreffenden Idiome vorhersagbar ist. Es könnten also Regeln für die morphologische Flexibilität von Idiomen aufgestellt werden. Eine entsprechende Regel würde z.B. besagen, dass Idiome nur dann einen Numeruswechsel eines in ihnen enthaltenen Nomens erlauben, wenn sie formal-semantisch teilbar sind und das Nomen semantisch autonom ist. Da eine solche Regel nur die morphologische Flexibilität von Idiomen betrifft und nicht für freie Wortverbindungen relevant ist, wäre sie nicht Teil des allgemein-grammatischen Regelwerks einer bestimmten Sprache. Eine Regel, die es erlaubt, die morphologische Flexibilität von Idiomen vorherzusagen, wäre vielmehr Teil der Idiom-Grammatik einer Sprache.

Fälle von teilbaren Idiomen, deren nominale Konstituenten keinen Numeruswechsel erlauben, erklärt Nieradt aufgrund der semantischen Eigenschaften dieser nominalen Ausdrücke (vgl. 2001, S. 142). Idiome, die eine Stoffbezeichnung enthalten, erlauben beispielsweise auch dann keine Pluralform des entsprechenden Nomens, wenn sie formal-semantisch teilbar und ihre entsprechenden nominalen Konstituenten semantisch autonom sind. Ausnahmen sind Idiome, die formale Anomalien enthalten wie z.B. die Pluralform von *Wasser* in *mit allen Wassern gewaschen sein*. Der Numeruswechsel nominaler Idiom-Konstituenten folgt in dieser Hinsicht genau den gleichen Regeln, die auch für freie Wortverbindungen gelten: Nominale Ausdrücke, die Stoffe bezeichnen, sind weder in freien noch in phraseologischen Wortverbindungen pluralfähig. Ein Beispiel ist das Idiom *leeres Stroh dreschen*, das keinen Numeruswechsel seiner nominalen Konstituente *leeres Stroh* erlaubt. *leere Strohe dreschen* ist genauso ungrammatisch wie die Nominalphrase (im Folgenden: NP) *feuchte Strohe*, mit der gegen eine allgemein-grammatische Regel des Deutschen verstoßen wird.

Als Erklärung der Unmöglichkeit eines Numeruswechsels in *sich mit fremden Federn schmücken* können allerdings weder semantische Eigenschaften nominaler Ausdrücke noch die formal-semantische Teilbarkeit von Idiomen herangezogen werden. Die in der Präpositionalphrase *mit fremden Federn* eingebettete NP bezieht sich auf zählbare Gegenstände. Demzufolge kommt das Nomen *Feder* in freien Wortverbindungen sowohl im Singular als auch im Plural vor. Warum ein Numeruswechsel im Idiom *sich mit fremdem Federn schmücken* eher eine wörtliche als eine idiomatische Lesart hervorruft, kann nicht aufgrund der semantischen Eigenschaften des Nomens *Feder* erklärt werden. Da das Idiom *sich mit fremden Federn schmücken* außerdem teilbar ist, hat auch die formal-semantische Teilbarkeit in diesen Fällen keinerlei Erklärungskraft. Ob zur Erklärung der Starrheit von Idiomen hinsichtlich eines Numeruswechsels auch andere Regeln einer Idiom-Grammatik in Frage kommen, kann nur anhand einer umfangreichen Datenmenge geklärt werden. Wenn die Unfähigkeit bestimmter Idiome, den Numerus eines in ihnen enthaltenen Nomens zu wechseln, weder durch allgemein-grammatische noch durch idiom-grammatische Regeln erklärt werden kann, muss man allerdings davon ausgehen, dass die betreffenden Restriktionen idiosynkratisch sind. Solche Restriktionen müssen im Lexikoneintrag der betreffenden Idiome erläutert werden; allgemein-grammatische oder idiomgrammatische Restriktionen müssen im regulär-grammatischen Regelwerk bzw. in einer Idiom-Grammatik erklärt werden.

Die hier aufgeführten Beispiele zeigen, dass unterschiedliche Phraseologismen unterschiedliche morphologische Abwandlungen ihrer kanonischen Form erlauben. Es handelt sich bei der morphologischen Stabilität von Phraseologismen somit nicht um eine absolute, sondern vielmehr um eine relative Stabilität: Manche Phraseologismen sind hinsichtlich ihrer morphologischen Struktur fester oder stabiler als andere. Insgesamt erlauben Phraseologismen aber nicht alle morphologischen Abwandlungen, die bei freien Wortverbindungen möglich sind. Hinsichtlich der Anwendung morphologischer Regeln sind sie stärker restringiert als freie Wortverbindungen.

2.1.2   Semantisch-lexikalische Stabilität

Phraseologismen sind nicht nur hinsichtlich der Form mancher ihrer Konstituenten, sondern auch in Hinblick auf ihre lexikalische Besetzung flexibel. Viele Phraseologismen erlauben ein gewisses Maß an Variation ihres Konstituentenbestandes. Dennoch ist die Anwendung der Regeln lexikalischer Substitution bei Phraseologismen stärker restringiert als bei freien Wortverbindungen: Die Möglichkeiten, einen Ausdruck (oder mehrere Ausdrücke) eines Phraseologismus durch andere Ausdrücke mit ähnlicher Bedeutung zu ersetzen, sind begrenzt. Wenn ein Wort eines Phraseologismus durch ein anderes, bedeutungsähnliches Wort ersetzt wird, verliert die Wortverbindung oft ihre phraseologische Bedeutung und wird als freie Wortverbindung interpretiert (vgl. Burger 1998, S. 23; Fernando 1996, S. 45-47; Gläser 1990, S. 20):

(10)   jmdm. einen Floh ins Ohr setzen

(10a) [#]Er setzte ihr eine Fliege/eine Mücke ins Ohr.

(10b) [#]Er setzte ihr einen Floh in die Nase/hinters Ohr.

Die Möglichkeiten der lexikalischen Substitution, die ein bestimmter Phraseologismus erlaubt, können nicht auf Grund von Selektionsrestriktionen erklärt werden, da diese sich auf ganze Paradigmen von Wörtern wie z.B. semantische Klassen oder Felder beziehen. Die Restriktionen, denen die Kookkurrenz von Wörtern in festen Wortverbindungen unterliegt, betreffen hingegen nur einzelne Elemente solcher Paradigmen, vgl.:

(11)   jmdm. Honig/Brei um den Mund/ums Maul/um den Bart
       schmieren

(11a) [#]jmdm. Marmelade um den Mund schmieren

(11b) [#]jmdm. Honig um die Lippen schmieren

2.1.3   Syntaktische Stabilität

Obwohl die meisten Phraseologismen die Anwendung bestimmter syntaktischer Operationen erlauben, sind sie in syntaktischer Hinsicht insgesamt weniger flexibel als freie Wortverbindungen. Phraseologismen bilden hinsichtlich ihrer syntaktischen Variationsmöglichkeiten keine in sich homogene Klasse: Manche erlauben ein breites Spektrum an syntaktischen Modifikationen, während andere relativ invariabel sind (vgl. Dobrovol'skij 1999, 2000; Fernando 1996, S. 42-56; Fraser 1970; Nunberg/Sag/Wasow 1994). Dies soll hier am Beispiel der Anwendbarkeit der Passiv-Transformation gezeigt werden.

Die Möglichkeiten zur Passivierung von Sätzen, die einen Phraseologismus enthalten, werden zunächst durch solche Regeln eingeschränkt, denen auch die Passivierung von Sätzen ohne feste Wortverbindungen unterliegt (vgl. Dobrovol'skij 1999, S. 29-35; 2000, S. 559-561; Nieradt 2001, S. 113-115). Wie die Sätze in (12a) und (12b) zeigen, blockiert beispielsweise das Vorhandensein eines Verbs, das kein Akkusativkomplement vorsieht, die Bildung des Zweitakt-Passivs (oder „persönlichen Passivs"). Diese Restriktion gilt unabhängig davon, ob das betreffende Verb Teil einer festen oder einer freien Wortverbindung ist:

(12a) Die Gewerkschaft **geht** für mehr soziale Gerechtigkeit **auf die Barrikaden.**

→ *Die Gewerkschaft **wird** ... auf die Barrikaden **gegangen**.

(12b) Er **geht** ins Kino.

→ *Er **wird** ins Kino **gegangen**.

Die Sätze in (12a) und (12b) sind ungrammatisch, weil das in ihnen enthaltene Verb *gehen* kein Akkusativkomplement vorsieht, das als Subjekt des Passivsatzes realisiert werden könnte. Die Sätze in (12a) und (12b) erlauben allenfalls die Bildung des Eintakt-Passivs (oder „unpersönlichen Passivs"), vgl. die Sätze in (12c) und (12d) (Zu den Bedingungen für die Bildung des Ein- und Zweitaktpassivs, vgl. Zifonun/Hoffmann/Strecker 1997, S. 1790-1808):

(12c) Es gab ein reges Treiben. Es **wurde** gekommen und **gegangen**.

(zitiert nach Zifonun/Hoffmann/Strecker 1997, S. 1806)

(12d) Für Themen wie soziale Gerechtigkeit **wird** heute nicht mehr **auf die Barrikaden gegangen**.

In den Sätzen in (13a) und (13b) wird die Bildung des Zweitakt-Passivs dadurch blockiert, dass das Akkusativkomplement durch ein Reflexivum belegt ist (vgl. Zifonun/Hoffmann/Strecker 1997, S. 1799). Diese Restriktion gilt ebenfalls unabhängig davon, ob das entsprechende Akkusativkomplement Teil einer freien oder einer festen Wortverbindung ist:

(13a) Sie **hat** *sich* nur mit fremden Federn **geschmückt**.

→ *Sie **ist** sich nur mit fremden Federn **geschmückt worden**.

(13b) Sie **hat** *sich* mit einer teuren Halskette **geschmückt**.

→ *Sie **ist** sich mit einer teuren Halskette **geschmückt worden**.

Beispiele (12a) und (12b) zeigen, dass die Anwendung der Passiv-Transformation das Vorhandensein eines passivfähigen Verbs voraussetzt. Nach Dobrolvol'skij kann die Bedingung des Vorhandenseins eines passivfähigen Verbs als ein Spezialfall einer allgemeineren Forderung nach der Zulässigkeit einer agentiv-transitiven Interpretation betrachtet werden, die eine semantische Voraussetzung für die Anwendbarkeit der Passiv-Transformation ist. Damit ist gemeint, dass es sich bei passivfähigen Verben und VP-Phraseologismen semantisch um eine agensbestimmte Handlung oder Aktivität handeln muss, die von einer verursachenden oder aktiven Instanz ausgeht und auf ein Objekt gerichtet ist (vgl. Dobrovol'skij 2000, S. 558f.). Diese Bedingung ist der Grund dafür, dass sowohl Sätze mit festen Wortverbindungen wie der in (14a) als auch völlig freie Wortverbindungen wie der Satz in (14b) ungrammatisch sind:

> (14a) *Letztendlich wurde der Wald vor lauter Bäumen nicht mehr gesehen.
>
> (14b) ?Der Sonnenuntergang wurde von mir gesehen.

Dass Sätze mit Wahrnehmungsverben nur beschränkt passivfähig sind, kann dadurch erklärt werden, dass das prototypische Rollenschema (verursachende oder aktive Instanz, d.h. Agens- oder Kausativ-Rolle, und Handlungs-, Aktivitäts- oder Vorgangsbetroffener, d.h. Patiens-Rolle) bei Wahrnehmungsverben nur partiell erfüllt ist, was sich z.B. darin zeigt, dass Verben wie *sehen*, *hören*, *fühlen*, *wahrnehmen* usw. in der Regel nicht in Handlungsbeschreibungen wie etwa ?*Ich sah ihn absichtlich nicht* verwendet werden (vgl. Zifonun/Hoffmann/Strecker 1997, S. 1797). Wahrnehmungsverben werden nur dann transitiv gebraucht (und dementsprechend in Passivkonstruktionen verwendet), wenn explizit darauf abgehoben wird, dass es sich um ein herausgehobenes, konturiertes und bewusst erinnertes Ereignis und nicht um ein beliebiges Segment der Wahrnehmung handelt (vgl. z.B. *Zuletzt wurde er in Frankfurt gesehen*) (zum transitiven Gebrauch von Wahrnehmungsverben vgl. Zifonun/Hoffmann/Strecker 1997, S. 1797).

Weiterhin verlangt die Passivierung von Verbalphrasen und VP-Phraseologismen das Vorhandensein einer NP, die den grammatischen Regeln einer bestimmten Sprache entsprechend in die Subjekt-Position des Passivsatzes vorrücken kann:

> (15a) Dabei **wird** sowohl [NPdie Sendung Good Morning, America mit ihrer Mischung aus Nachrichten, Show und Klatsch] als auch [NPder American way of life] **durch den Kakao gezogen**, ...
> (Süddeutsche Zeitung, 12.07.1997, S. 18)
>
> (15b) Es werden noch viele sinnwidrige – vielleicht auch sinnvolle – Änderungen in der Rechtschreibreform auftauchen, wenn einmal [NP**die ganze Katze**] **aus dem Sack gelassen wird**.
> (Züricher Tagesanzeiger, 10.07.1996, S. 33)

(15c) [_{NP}Ein Mitarbeiter, ...] **sei** daraufhin vom BDA-Trainer und allen Anwesenden persönlich **angegriffen und angeschrien wor-
den**. (Mannheimer Morgen, 19.09.1998)

Die NP, die die Subjektposition in Satz (15c) besetzt, ist Teil einer freien
Wortverbindung, während die NPen in (15a) und (15b) Teile phraseologischer Wortverbindungen sind. Obwohl die NPen in (15a) und (15b) beide
Teil eines Phraseologismus ausmachen, ist ihre Beziehung zum Kopf des
jeweiligen VP-Phraseologismus dennoch unterschiedlich. Die NPen [*die Sen-
dung* ...] und [*der American way of life*] in (15a) füllen eine Stelle in der
Argumentstruktur des betreffenden Idioms, die in der Nennform dieses Idioms mit den allgemeinen Personalpronomina *jemanden* oder *etwas* wiedergegeben wird (vgl. *jemanden/etwas durch den Kakao ziehen*). Dobrovol'skij
nennt eine solche Stelle in der Argumentstruktur von Phraseologismen eine
„offene Valenz". Offene Argumentstellen von VP-Phraseologismen sind Argumentstellen, die ähnlich wie die Argumentstellen von freien Verbalphrasen durch eine ganze Reihe von nominalen Ausdrücken gefüllt werden können. Die Besetzung der entsprechenden Argumentstellen wird in diesen
Fällen nur durch Selektionsrestriktionen beschränkt. Die Pronomen *jemanden* oder *etwas* in *jemanden/etwas durch den Kakao ziehen* repräsentieren
eine offene Akkusativvalenz in der Argumentstruktur dieses Idioms. Das
Pronomen *jemandem*, das z.B. in der Nennform des Idioms *jemandem einen
Bären aufbinden* auftritt, ist ein Platzhalter für eine offene Dativvalenz.
NPen, die eine solche offene Stelle in der Argumentstruktur eines Idioms
besetzen, sind wendungsexterne Akkusativ- bzw. Dativobjekte. Die NP [*die
Katze*] in (15b) füllt hingegen keine offene Stelle in der Argumentstruktur
des betreffenden Idioms: Im Idiom *die Katze aus dem Sack lassen* kann nur
die NP [*die Katze*] und nicht etwa eine NP wie [*der Hund*] oder [*die Schwei-
ne*] die Position des Akkusativobjekts besetzen. Die entsprechende Stelle ist
nicht offen, weil sie nur durch einen ganz bestimmten nominalen Ausdruck
besetzt werden kann, der Teil der Nennform der entsprechenden Idiome ist
und die Funktion eines wendungsinternen Akkusativ- bzw. Dativobjekts
erfüllt.

Der Unterschied zwischen wendungsinternen Akkusativobjekten wie [*die
Katze*] in (15b) und wendungsexternen Akkusativobjekten wie [*der American way of life*] in (15a) ist nach Dobrovol'skij ausschlaggebend für die Passivierbarkeit von Idiomen. Das verbale Idiom *jmdn. durch den Kakao ziehen*
ist deswegen passivierbar, weil in seiner Argumentstruktur Komplemente
vorhanden sind, die dank ihrer syntaktischen und semantischen Eigenschaf-

ten zum Subjekt eines Passivsatzes vorrücken können (vgl. Dobrovol'skij 2000, S. 559). Idiome wie *die Katze aus dem Sack lassen* in (15b) sind aber aus einem anderen Grund passivierbar: Nach Dobrovol'skij sind verbale Idiome mit einem wendungsinternen Akkusativobjekt genau dann passivierbar, wenn das wendungsinterne Akkusativobjekt die Funktion eines Arguments erfüllt, das semantische Autonomie besitzt und deswegen aus dem Idiom herausgelöst werden kann. Verbale Idiome mit einer solchen Struktur seien nicht als unteilbares Prädikat zu interpretieren, sondern als eine nach regulären syntaktischen Prinzipien aufgebaute Verbalphrase, d.h. als Verbprädikat mit seinen Argumenten. Nach dieser Auffassung sind verbale Idiome wie *die Katze aus dem Sack lassen* deswegen passivierbar, weil sie formal-semantisch teilbar und ihr wendungsinternes Akkusativobjekt semantisch autonom ist. Die semantische Autonomie des wendungsinternen Akkusativobjekts bewirkt, dass die Idiom-interne NP-Konstituente aus dem Idiom herausgelöst werden kann und zum Subjekt des Passivsatzes vorrücken kann. Verbale Idiome, deren wendungsinterne NP-Konstituente nicht semantisch autonom ist, können dementsprechend nicht passiviert werden (vgl. die sprechaktbezogenen Idiome *einen vom Pferd erzählen* und *den Mund zu voll nehmen* aus Nieradt 2001, S. 118). Bei der Passivierung von Idiomen mit wendungsexternem Akkusativobjekt spielt die Bedingung der formal-semantischen Teilbarkeit keine Rolle: Wie Beispiel (15a) zeigt, ist das Idiom *jmdn. durch den Kakao ziehen* passivierbar, obwohl es nicht teilbar ist; ein Idiom wie *jmdn. im Stich lassen* ist hingegen sowohl teilbar als auch passivierbar.

Die Beispiele (16) und (17) scheinen jedoch zunächst der These zu widersprechen, dass Idiome mit einem wendungsinternen Akkusativobjekt nur dann passiviert werden können, wenn sie formal-semantisch teilbar sind:

(16) jmdm. den Garaus machen

(16a) Es ist die Rede von Milben und anderen Schädlingen. Aber vielleicht **wird** den Bienen gar nicht **der Garaus gemacht**. (Berliner Zeitung, 29.09.1999, S. 4)

(17) jmdm. den Marsch blasen

(17a) Wo die materiellen Güter so deutlich nach einer Seite fallen, ist es nützlich, der anderen wenigstens die immateriellen Güter zuzusprechen: Arm, aber glücklich; elend, aber reinen Gewissens; hungrig, aber ein Lied auf den Lippen. Dem Reichen hingegen **wird** schon in der Bibel **der Marsch geblasen**, ... (Süddeutsche Zeitung, 19.10.1999, S. 1)

Die Sätze in (16a) und (17a) enthalten nicht-teilbare Idiome mit einer wendungsinternen NP, die die Funktion eines Akkusativobjekts erfüllt (*jmdm. den Garaus machen, jmdm. den Marsch blasen*). Aufgrund der Nicht-Teilbarkeit dieser Idiome sind die in ihnen enthaltenen NPen auch nicht semantisch autonom. Dass diese Idiome dennoch passiviert werden können, kann laut Dobrovol'skij dadurch erklärt werden, dass das idiominterne Akkusativobjekt nur formal zum Subjekt der Passivsätze in (15a) und (16a) wird. Die wendungsinternen Akkusativobjekte [*den Garaus*] und [*den Marsch*] sind nach Dobrovol'skij Quasi-Argumente, d.h. Argumente mit leerer Theta-Rolle. Die semantische Funktion, die das Subjekt eines Passivsatzes üblicherweise erfüllt, wird in diesem Fall vom wendungsexternen Dativkomplement übernommen. Demnach erfüllen in (15a) und (16a) die NPen [*den Bienen*] bzw. [*dem Reichen*] die semantische Funktion, die normalerweise vom Subjekt eines Passivsatzes erfüllt wird: In diesem konkreten Fall tragen diese NPen die Rolle des Patiens. Während im Standardfall das Subjekt des Passivsatzes sowohl die morphosyntaktischen als auch die semantischen Eigenschaften eines Subjekts kombiniert, werden diese Eigenschaften bei der Passivierung von nicht-teilbaren Idiomen mit einem wendungsinternen Quasi-Argument auf verschiedene NPen verteilt, und zwar auf das „semantisch leere" wendungsinterne Quasi-Argument, das zum Subjekt des Passivsatzes vorrückt, und auf das wendungsexterne Dativkomplement, das seine morphosyntaktischen Eigenschaften beibehält (vgl. Dobrovol'skij 2000, S. 561-563).

Die Beispiele (16)-(17) zeigen, dass regulär-grammatische Faktoren allein nicht zur Erklärung der Passivfähigkeit von Phraseologismen ausreichen: Im Gegensatz zu freien Wortverbindungen sind Phraseologismen nicht ohne weiteres passivierbar, wenn die regulär-grammatischen Bedingungen für die Passivierbarkeit erfüllt sind. Regulär-grammatische Bedingungen wie etwa das Vorhandensein eines passivfähigen Verbs oder einer NP, die in die Subjektposition des Passivsatzes vorrücken kann, setzen die Grenzen für die Passivierbarkeit von Syntagmen. Innerhalb dieser Grenzen gelten zusätzliche Bedingungen, denen die Passivierung von festen Wortverbindungen unterliegt. Die zusätzlichen Bedingungen, die nur für feste Wortverbindungen relevant sind, betreffen das Vorhandensein eines wendungsinternen bzw. eines wendungsexternen Akkusativobjekts, die formal-semantische Teilbarkeit eines Phraseologismus und das Vorhandensein eines wendungsinternen Quasi-Arguments. Diese Bedingungen sind ausschlaggebend für die Passivierbarkeit von Phraseologismen. Je nachdem, ob diese Bedingungen erfüllt sind, ist das Idiom passivierbar oder nicht.

Ähnlich verhält es sich mit anderen (morpho-)syntaktischen Operationen wie etwa der Attribuierung, der Modifikation der Form des Artikels und der Topikalisierung. Die Möglichkeiten, bestimmte (morpho-)syntaktische Operationen auf Phraseologismen anzuwenden, werden nicht nur durch die regulär-grammatischen Regeln für die jeweilige morpho-syntaktische Operation eingeschränkt, sondern auch durch solche Bedingungen, die nur für Phraseologismen relevant sind. Ein bestimmter Phraseologismus kann zugleich völlig flexibel hinsichtlich der Anwendung einer bestimmten Operation und völlig unflexibel in Hinblick auf die Anwendung einer anderen sein. Eine Korrelation zwischen der Anwendbarkeit der einzelnen Operationen konnte zumindest für die sprechaktbezogenen Phraseologismen nicht festgestellt werden (vgl. Nieradt 2001, S. 152). Phraseologismen bilden hinsichtlich der Anwendbarkeit morpho-syntaktischer Operationen keine in sich homogene Gruppe: Während manche sich generell gegen die Anwendung morpho-syntaktischer Operationen sträuben, erlauben andere fast das ganze Spektrum derjenigen Operationen, die auch bei freien Wortverbindungen möglich sind. Zwischen diesen beiden Polen der Flexibilitätsskala stehen solche Phraseologismen, die nur die Anwendung ganz bestimmter morpho-syntaktischer Operationen erlauben. Insgesamt ergibt sich für die morpho-syntaktische Flexibilität von Phraseologismen ein uneinheitliches Bild, vgl. die Beispiele (18) und (19):

(18)   jmdm. den Marsch blasen

(18a) Die Parteispitze hat dem Parteivorsitzenden kräftig den Marsch geblasen.

(18b) Dem Parteivorsitzenden *wurde* von der Parteispitze kräftig *der Marsch geblasen*. (Passivierung)

(18c) Ob man nach den Iden des März auch stark genug ist, der Volkspartei den *politischen* Marsch zu blasen, ist aber Zukunftsmusik. (Kleine Zeitung, 28.01.1998) (Attribuierung)

(18d) ?Die Parteispitze hat dem Parteivorsitzenden *einen* flotten Marsch geblasen./Vielleicht brauchen wir meinem Kohl gar *keinen* Marsch zu blasen. (Berliner Zeitung, 25.04.1998; Politik; Schönen Dank lieber Vize, S. 4) (Flexibilität des Artikels)

(18e) ?Die Parteispitze hat dem Parteivorsitzenden ein paar flotte *Märsche* geblasen. (Numeruswechsel)

(18f) ?*Den Marsch* hat die Parteispitze dem Vorsitzenden geblasen. (Topikalisierung)

(19)   jmdm. einen Bären aufbinden

(19a) Die Regierung hat den Wählern wieder einmal einen Bären aufgebunden.

(19b) Den Wählern *wurde* von der Regierung wieder einmal *ein Bär
aufgebunden.* (Passivierung)

(19c) Die Regierung hat den Wählern wieder einmal einen *riesengro-
ßen* Bären aufgebunden. (Attribuierung)

(19d) Die Regierung scheint den Wählern diesmal *keinen* Bären aufgebunden zu haben./Die Regierung scheint den Wählern inzwischen schon *den* nächsten Bären aufgebunden zu haben. (Flexibilität des Artikels)

(19e) Die Regierung hat den Wählern diesmal sogar zwei *Bären* auf
einmal aufgebunden. (Numeruswechsel)

(19f) *Dieser Bär* wurde aber erfolgreich einigen Mannheimer Passan-
ten auf dem Marktplatz aufgebunden. (Mannheimer Morgen.
04.10.2000, Lokales; übrigens ...) (Topikalisierung/Passivie-
rung/Flexibilität des Artikels)

Obwohl die meisten Phraseologismen bestimmte Abwandlungen ihrer
morpho-syntaktischen Struktur erlauben und einige von ihnen fast genauso
flexibel wie freie Wortverbindungen sind, sind Phraseologismen insgesamt
weniger flexibel als freie Wortverbindungen. Für die Flexibilität von Phraseologismen gelten besondere Bedingungen, die über diejenigen Beschränkungen hinausgehen, denen freie Wortverbindungen unterliegen. Manche
dieser Beschränkungen, wie etwa die Bedingung des Vorhandenseins eines
wendungsinternen oder wendungsexternen Akkusativobjekts bei der Passivierung sind regelhaft. Andere sind eher idiosynkratischer Natur. Ein Beispiel ist das bereits erwähnte Idiom *sich mit fremden Federn schmücken,* das
keinen Wechsel des Nomens *Federn* erlaubt, obwohl der Gegenstand, auf
den mit *Federn* referiert wird, zählbar und das Idiom teilbar ist.

Die zusätzlichen Beschränkungen, die für feste, aber nicht für freie Wortverbindungen gelten, ergeben sich aus der strukturellen Stabilität phraseologischer Wortverbindungen und sind ein Indiz für den Grad der Nicht-Kompositionalität dieser Wortverbindungen. Freie Wortverbindungen sind sowohl
hinsichtlich ihrer lexikalischen als auch in Hinblick auf ihre morpho-
syntaktische Struktur weniger stabil als Phraseologismen. Die Möglichkeiten
der lexikalischen Besetzung freier Wortverbindungen sind aufgrund von
Selektionsrestriktionen vorhersagbar. Außerdem kann die Struktur einer

freien Wortverbindung in Übereinstimmung mit den grammatischen Regeln einer Sprache variiert werden. Freie Wortverbindungen sind daher in struktureller Hinsicht frei oder kompositional. Beschränkungen der Kookkurrenz lexikalischer Ausdrücke in festen Wortverbindungen können nicht aufgrund von Selektionsrestriktionen erklärt werden. Außerdem sind die Möglichkeiten, die Struktur von Phraseologismen mittels morpho-syntaktischer Operationen zu variieren, insgesamt geringer als bei den freien Wortverbindungen. Insofern ist die Struktur von Phraseologismen insgesamt fester bzw. weniger kompositional als die freier Wortverbindungen. Dies gilt auch für Phraseologismen, die entweder in morpho-syntaktischer oder in lexikalischer Hinsicht sehr flexibel sind. Auch wenn syntaktisch sehr flexible Phraseologismen manchmal als Phrasen betrachtet werden, die nach regulär-grammatischen Prinzipien aufgebaut sind (vgl. z.B. Dobrovol'skij 2000, S. 560), unterscheiden sich solche „Phrasen" doch darin von völlig freien Wortverbindungen, dass sie gewissen Beschränkungen ihrer lexikalischen Besetzung unterliegen (vgl. z.B. *jmdm. einen Bären/ ?einen Waschbären/ ?einen Elefanten/ ?einen Affen aufbinden*). Umgekehrt sind manche Idiome, die lexikalisch sehr flexibel sind, in syntaktischer Hinsicht völlig starr (vgl. z.B. *jmdm. auf die Nerven/den Nerv/den Wecker/den Keks gehen*). Da solche Beschränkungen nicht aufgrund von Selektionsrestriktionen erklärt werden können, sind sie ein Indiz für die strukturelle Festigkeit, die feste von freien Wortverbindungen unterscheidet. Wie ich in Abschnitt 2.3 zeigen werde, gibt es dennoch Beispiele von Wortverbindungen, die sowohl als freie oder als feste Wortverbindungen eingestuft werden könnten. Solche Beispiele zeigen, dass die Grenze zwischen der Klasse der freien und der der festen Wortverbindungen fließend ist. Der Grad der strukturellen Festigkeit bzw. der Kompositionalität einer Wortverbindung zeigt sich in ihrer morphosyntaktischen und lexikalischen Flexibilität. Die Struktur fester Wortverbindungen ist insgesamt stabiler, d.h. weniger kompositional als die freier Wortverbindungen (vgl. Abb. 1).

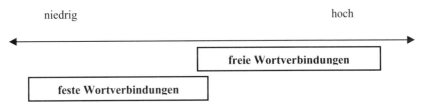

Abb 1: Grad der Kompositionalität von Wortverbindungen

Da die Struktur fester Wortverbindungen im Gegensatz zu der freier Wortverbindungen mehr oder weniger stabil ist, ist anzunehmen, dass feste Wortverbindungen auch im mentalen Lexikon einzelner Sprecher als mehr oder
weniger stabile Einheiten gespeichert sind. Für die Sprachproduktion und
-rezeption bedeutet dies, dass feste Wortverbindungen nicht jedesmal aus
kleineren Bestandteilen neu zusammengesetzt bzw. in kleinere Einheiten
zerlegt werden müssen. Feste Wortverbindungen unterscheiden sich somit
auch in psycholinguistischer Hinsicht von freien Wortverbindungen.

Der psycholinguistische Status fester Wortverbindungen wird in diesem
Beitrag nicht weiter berücksichtigt. Zum einen kann die psycholinguistische
Stabilität dieser Wortverbindungen nur unter Berücksichtigung psycholinguistischer Experimente ermittelt werden, die im Rahmen dieses Beitrags nicht
geleistet werden können oder sollen. Zum anderen kann eine bestimmte
Wortverbindung im mentalen Lexikon unterschiedlicher Sprecher einen
unterschiedlichen Status haben: Was im mentalen Lexikon eines bestimmten
Sprechers als eine feste Wortverbindung gespeichert ist, hängt davon ab, ob
eine oder mehrere Komponenten dieser Wortverbindung als getrennte Einheiten im mentalen Lexikon des jeweiligen Sprechers gespeichert sind. Ob
beispielsweise eine Wortverbindung wie *einen Korb bekommen/erhalten/
kriegen* für einen bestimmten Sprecher den Status einer festen Wortverbindung hat, ist davon abgängig, ob *Korb* mit der idiomatischen Bedeutung
'ablehnende Antwort' im mentalen Lexikon dieses Sprechers als eine selbst-
ständige Einheit gespeichert ist. In diesem Fall könnte z.B. das Vorhandensein paralleler Wortverbindungen wie *jmdm. einen Korb geben* und *sich
einen Korb holen* zur Metaphorisierung der Bedeutung von *Korb* beitragen.
Wenn *Korb* im mentalen Lexikon eines bestimmten Sprechers als separate
Einheit mit der Bedeutung 'ablehnende Antwort' gespeichert ist, ist die
Wortverbindung *einen Korb bekommen/erhalten/kriegen* für diesen Sprecher
kompositional. Für diesen Sprecher ist die Wortverbindung *einen Korb be-
kommen/erhalten kriege*n frei, weil sie aus einer Metapher und einem Verb
mit wörtlicher Bedeutung besteht. Ist *Korb* im mentalen Lexikon eines bestimmten Sprechers aber nicht die Bedeutung 'ablehnende Antwort' zugeordnet – weil der Sprecher z.B. keine parallelen Wortverbindungen kennt –
ist die Wortverbindung für diesen Sprecher nicht kompositional. In diesem
Fall bildet nur die ganze Wortverbindung eine Einheit des mentalen Lexikons. (Vgl. dazu auch das Beispiel *Schwein haben* in Dobrovol'skij 1995,
S. 24.) Ungeachtet solcher individuellen Unterschiede hat die Wortverbin-

dung *einen Korb bekommen/erhalten/kriegen* im Lexikon des Deutschen den Status einer festen Wortverbindung, weil *Korb* außerhalb der betreffenden Wortverbindungen nicht die Lesart 'ablehnende Antwort' hat.

In diesem Beitrag geht es ausschließlich um die Funktion, die komplexe im Gegensatz zu einfachen Lexikalisierungen im Wortschatz einer bestimmten Sprache erfüllen. Diese Frage betrifft die Struktur des Wortschatzes der jeweiligen Sprache und somit die Gesamtheit der Sprecher dieser Sprache. Individuelle Unterschiede im Sprachgebrauch und bzgl. des mentalen Lexikons spielen für diese Fragestellung keine Rolle.

2.2 Komplexe vs. einfache Lexikalisierungen

Von den Wörtern unterscheiden sich Phraseologismen durch ihre Eigenschaft der Polylexikalität: Phraseologismen bestehen im Gegensatz zu Wörtern aus mehr als einem Wort. Aus diesem Grund werden Phraseologismen manchmal auch als komplexe und Wörter als einfache Lexikalisierungen bezeichnet (vgl. z.B. Verschueren 1985, S. 30). Ob eine Wortverbindung auch ein Inhaltswort enthält, ist nach Burger für den lexikalischen Status dieser Wortverbindung irrelevant. Dementsprechend rechnet Burger auch solche Wortverbindungen, die nur aus Funktionswörtern bestehen, wie etwa *an sich*, *bei weitem* und *wenn auch* zu den Phraseologismen (vgl. Burger 1998, S. 15f.). Die Zuordnung dieser Wortverbindungen zu den Phraseologismen erscheint aber aus zwei Gründen wenig plausibel. Erstens werden Verbindungen von Funktionswörtern häufig auch zusammengeschrieben und als komplexe Funktionswörter klassifiziert. Beispiele sind *wenngleich* und *gleichwohl*, die als Subjunktor bzw. als Konnektivpartikel, d.h. auf jeden Fall als Wörter angesehen werden (vgl. z.B. Zifonun/Hoffmann/Strecker 1997, S. 59f.). Zweitens werden Verbindungen von Funktionswörtern häufig auch dann als Wörter angesehen, wenn ihre Komponenten getrennt geschrieben werden. Beispiele sind der Subjunktor *auf dass* und die Konjunktoren *sowohl ... als auch*, *entweder ... oder* und *es sei denn*. (Zur Unterscheidung von Subjunktoren und Konjunktoren, vgl. Zifonun/Hoffmann/ Strecker 1997, S. 60f.). Die Schreibweise dieser komplexen Funktionswörter liefert also keinerlei Argumente für die Bestimmung ihres lexikalischen Status. Diese Wortverbindungen als komplexe Funktionswörter, d.h. als Wörter und nicht als Phraseologismen anzusehen, ist deswegen sinnvoll, weil sie aufgrund ihrer Struktur nicht die lexikalische und morpho-syntaktische Flexibilität aufweisen können, die gerade charakteristisch für Phraseologismen ist. Im Gegensatz zu Phraseologismen, deren Struktur immer wenigstens beschränkt variabel ist, sind Wortverbindungen wie *wenn auch* völlig starr. Die Struktur solcher Wortverbindungen lässt prinzipiell keine Variation zu. Völlig starre Phraseologismen wie z.B. *den Löffel abgeben* oder *kick the bucket* sind syntaktisch transparent und insofern prinzipiell variabel. Wortverbindungen wie *wenn auch* lassen prinzipiell, d.h. aufgrund ihrer Struktur, keinerlei Variation zu. Die Frage der strukturellen Stabilität bzw. Kompositionalität ist für diese Wortverbindungen nicht relevant.

Die Frage der strukturellen Stabilität oder Kompositionalität einer Wortschatzeinheit, die im vorigen Abschnitt diskutiert wurde, ist selbstverständlich nur für polylexikalische Wortschatzeinheiten relevant. Wortschatzeinheiten, die keine Polylexikalität aufweisen, sind höchstens in morphologischer Hinsicht, d.h. unterhalb der Wortebene, nicht aber in Hinblick auf ihren lexikalischen Status kompositional. Da Wörter ohnehin nur aus einer lexikalischen Einheit bestehen, sind sie die stabilsten Elemente des Lexikons. Auf der Kompositionalitätsskala nehmen sie den Platz des äußeren Stabilitätspols ein (vgl. Abb. 2):

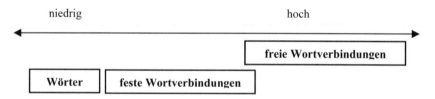

Abb. 2: Grad der Kompositionaliät von lexikalisierten und nicht-lexikalisierten Ausdrücken

Von Vertretern der kognitiven Linguistik wird das Kriterium der Polylexikalität vor allem deswegen mit zur Definition von Phraseologismen herangezogen, weil es für Sprecher von Sprachen, die auch in schriftlicher Form existieren, ein wichtiges psychologisches Kriterium sei. Da das Wort eine zentrale Kategorie des sprachlichen Bewusstseins sei, sei die Polylexikalität mehr als nur ein oberflächliches Kriterium. Mit der Annahme, dass Mono- bzw. Polylexikalität ein wichtiges psychologisches Kriterium sei, wurde die Auffassung des mentalen Lexikons als modulares System begründet. Da Polylexikalität in psychologischer Hinsicht relevant sei, grenze dieses Kriterium auch innerhalb des mentalen Lexikons die Menge der festen Wortverbindungen von der der Wörter ab. Phraseologismen existierten somit als Elemente eines autonomen Moduls des mentalen Lexikons (vgl. Dobrovol'skij 1995, S. 15).

Durch das Kriterium der Polylexikalität werden konventionelle, d.h. lexikalisierte Ein-Wort-Metaphern aus der Klasse der Phraseologismen ausgeschlossen. Da konventionelle Ein-Wort-Metaphern genauso wie teil- und voll-idiomatische Phraseologismen lexikalisierte Ausdrücke mit übertragener Bedeutung sind, mag die Trennung von konventionellen Ein-Wort-Metaphern und Phraseologismen, insbesondere von solchen mit übertragener Bedeutung, einerseits willkürlich erscheinen. Andererseits ist die Ausklammerung von Ein-Wort-Metaphern aus der Klasse der Phraseologismen insofern sinnvoll als Ein-Wort-Metaphern im Gegensatz zu Phraseologismen mono-lexikalische Ausdrücke sind, und die Frage der strukturellen Stabilität oder Kompositionalität, die sich für den lexikalischen Status von Phraseologismen als ausschlaggebend erwiesen hat, für sie irrelevant ist. Die Ausklammerung von lexikalisierten Ein-Wort-Metaphern aus der Klasse der Phraseologismen kann also durch ihre Eigenschaft der Monolexikalität begründet werden, auch wenn durch die Zuordnung konventioneller Ein-Wort-Metaphern zu den Wörtern gewisse Gemeinsamkeiten von konventionellen Ein-Wort-Metaphern und bestimmten Typen phraseologischer Ausdrücke verloren gehen.

Während lexikalisierte Ein-Wort-Metaphern durch das Kriterium der Polylexikalität aus dem Bereich der Phraseologismen ausgeschlossen werden, hat eine konsequente Anwendung eben dieses Kriteriums zur Folge, dass Komposita zu den Phraseologismen gerechnet werden müssten. Auf jeden Fall sind Komposita den Phraseologismen insofern ähnlich, als sie lexikalische Einheiten sind, die aus mehr als einem Wort bestehen. Dementsprechend werden Komposita – vor allem solche, die Komponenten mit übertragener Bedeutung enthalten – häufig als Phraseologismen angesehen (vgl. z.B. Hockett 1958, S. 316f.; Fernando/Flavell 1981, S. 20; Fernando 1996, S. 41). Makkai rechnet nicht-wörtliche englische Komposita wie *bookworm*, *babysit* and *eavesdrop* zu den Phraseologismen (vgl. Makkai 1972, S. 164-168), während Fernando sowohl wörtliche als auch nicht-wörtliche Komposita der Klasse der Phraseologismen zuordnet, was sie mit den folgenden gemeinsamen Merkmalen von Komposita und Phraseologismen begründet (vgl. Fernando 1996, S. 41; Beispiele zitiert nach Fernando):

– Komposita sind polylexikalische Einheiten.

– Komposita weisen eine habituelle Kookkurrenz von zwei oder mehr Wörtern auf.

– Komposita können wörtlich (z.B. *mother-in-law*), teilidiomatisch (*baby-sitter*) oder vollidiomatisch (z.B. *eavesdrop*) sein, eine Unterscheidung, die auch für die Klasse der Phraseologismen relevant ist.

– Manche Komposita sind von Idiomen abgeleitet (z.B. *lick somebody's boots → boot-licker; break the ice → ice-breaker*)

Zur Unterscheidung von Komposita und Phrasen wird häufig das Kriterium der Intonation herangezogen. Im Allgemeinen wird angenommen, dass das unmarkierte Betonungsmuster für einfache binäre Komposita des Deutschen und des Englischen 'stark-schwach' ist, d.h., dass die erste Einheit eines einfachen binären Kompositums die Hauptbetonung trägt. (Zur Betonung deutscher Komposita vgl. Wiese 1996, S. 296-302.) Durch das Kriterium der Hauptbetonung können einfache binäre Komposita auch unabhängig von ihrer Orthografie als feste oder als freie Wortverbindungen (d.h. als Phrasen) identifiziert werden. Nach dem Kriterium der Hauptbetonung ist *SCHÖNreden* eine lexikalische Einheit, während *schön REden* als Phrase, d.h. als freie Wortverbindung, angesehen wird. Damit ist allerdings noch nicht geklärt, ob lexikalische Einheiten wie *schönreden* als Wörter oder als Phraseologismen anzusehen sind. Diese Frage muss für unterschiedliche Adjektiv-Verb-Verbindungen unterschiedlich beantwortet werden. Das Korpus komplexer kommunikativer Ausdrücke, das dem empirischen Teil dieser Studie zugrunde liegt, enthält die folgenden vier Fügungen aus Adjektiv und Verb: *schönreden, schönfärben, schwarz malen* und *schlecht machen*. Abhängig davon, ob das in diesen Ausdrücken enthaltene Adjektiv steigerbar bzw. erweiterbar ist, wurden diese Ausdrücke als Wörter oder als Phraseologismen eingestuft. Im Korpus komplexer kommunikativer Ausdrücke gelten *schönreden* und *schönfärben* daher als zusammengesetzte Verben, während *schwarz malen* und *schlecht machen* als Phraseologismen eingeordnet wurden. Nach den Regeln der neuen deutschen Rechtschreibung ist das Kriterium der Steigerbarkeit bzw. der Erweiterbarkeit des Adjektivs in Verbindungen von Adjektiv und Verb ausschlaggebend für die Schreibweise dieser Ausdrücke: Fügungen aus Adjektiv und Verb, bei denen das Adjektiv steigerbar oder erweiterbar ist, schreibt man getrennt; ist diese Steigerung oder Erweiterung nicht möglich, schreibt man zusammen (vgl. Hermann 2003, S. 894). Insofern trägt die neue deutsche Rechtschreibung dem lexikalischen Status von Adjektiv-Verb-Verbindungen Rechnung.

Insgesamt sprechen einige Argumente für das Kriterium der Polylexikalität zur Unterscheidung von Wörtern und Phraseologismen. Probleme bereitet das Kriterium nur bei der Abgrenzung von konventionellen Ein-Wort-Metaphern und Phraseologismen mit übertragener Bedeutung und bei der Bestimmung des lexikalischen Status von Fügungen aus Adjektiv und Verb. Wie dieser Abschnitt gezeigt hat, gibt es aber auch in diesen Fällen Kriterien, die eine Klassifikation dieser Ausdrücke ermöglichen. Ein-Wort-Metaphern werden aufgrund ihrer Monolexikalität und der damit verbundenen Nicht-Kompositionalität zu den einfachen Lexikalisierungen gerechnet und somit aus der Klasse der Phraseologismen ausgeschlossen. Der lexikalische Status von Verbindungen aus Adjektiv und Verb wird aufgrund der Steigerbarkeit bzw. der Erweiterbarkeit der adjektivischen Komponente dieser Wortverbindungen bestimmt.

In diesem und im vorigen Abschnitt wurde gezeigt, wie Phraseologismen von freien Wortverbindungen einerseits und von Wörtern anderseits abgegrenzt werden können. Die Unterschiede betreffen vor allem die strukturelle Stabilität, d.h. die Nicht-Kompositionalität der betreffenden Ausdrücke. Wörter sind aufgrund ihrer Monolexikalität die stabilsten Ausdrücke des Lexikons, während Phraseologismen aufgrund ihrer Polylexikalität immer ein gewisses Maß an Kompositionalität aufweisen. Phraseologismen sind aber immer weniger kompositional als freie Wortverbindungen, deren Kompositionalität nur durch die Regeln der Grammatik einer bestimmten Sprache eingeschränkt wird. Das Kriterium der Kompositionalität bzw. Nicht-Kompositionalität ist aber nicht nur für die Abgrenzung von Wörtern, Phraseologismen und freien Wortverbindungen ausschlaggebend, sondern sie spielt auch für weitere Differenzierungen innerhalb der Klasse phraseologischer Wortverbindungen eine entscheidende Rolle. Die Unterscheidung zwischen den verschiedenen Typen phraseologischer Wortverbindungen ist Gegenstand des nächsten Abschnitts.

2.3   Idiome vs. Kollokationen

Polylexikalität und strukturelle Stabilität sind Eigenschaften aller Phraseologismen. Zusätzlich zu diesen beiden Eigenschaften weisen manche Phraseologismen ein gewisses Maß an Idiomatizität auf. Idiomatizität wird im Folgenden als Nicht-Kompositionalität der Bedeutung definiert: Eine feste Wortverbindung ist idiomatisch, wenn ihre Bedeutung sich nicht aus den usuellen, d.h. wörtlichen oder lexikalisch-metaphorischen Bedeutungen ihrer Bestandteile zusammensetzt. Einzelne Typen phraseologischer Wortverbindungen unterscheiden sich hinsichtlich ihres Idiomatizitätsgrades. Idiome haben insgesamt einen höheren Idiomatizitätsgrad als andere Typen fester

Wortverbindungen (vgl. Dobrovol'skij 1995, S. 19f.). Auf feste Wortverbindungen, die kaum oder gar nicht idiomatisch sind, wird im Folgenden mit
dem Ausdruck *Kollokationen* Bezug genommen. Beispiele solcher nicht-
oder schwach-idiomatischer Phraseologismen sind Funktionsverbgefüge wie
jmdm. ein Versprechen geben oder *Maßnahmen treffen* sowie komparative
Phraseologismen, die völlig transparent sind, wie z.B. *hart wie Stein* und
schwarz wie die Nacht. Zur Klasse der Idiome gehören Ausdrücke wie *sich
ins Bockshorn jagen lassen, das Gras wachsen hören* und *jmdm. goldene
Berge versprechen.* An der Grenze zwischen der Klasse der Kollokationen
und der der Idiome stehen komparative Phraseologismen, die mehr oder
weniger opak sind, wie z.B. *hässlich wie die Nacht, angeben wie ein Wald
voll Affen* und *dumm wie Bohnenstroh.* Insofern die Konjunktion *wie* einen
deutlichen Hinweis auf einen Aspekt der Bedeutung dieser Wortverbindungen liefert, setzt das Vorhandensein dieser Konjunktion den Grad der Idiomatizität dieser Wortverbindungen einerseits herab: Die Konjunktion macht
deutlich, dass es sich bei dieser Kollokation um einen Vergleich handelt.
Anderseits trägt die Undurchsichtigkeit des Vergleichs in diesen Ausdrücken
aber auch wesentlich zu deren Idiomatizität bei: Warum ist die Nacht hässlich und das Bohnenstroh dumm, und was hat Angeben mit einem Wald voll
Affen zu tun? (Vgl. Burger 1998, S. 44; Baranov/Dobrovol'skij 1999,
S. 70f.) Auf der Idiomatizitätsskala nehmen Wortverbindungen wie *hässlich
wie die Nacht* eine Stelle an der Grenze zwischen der Klasse der Kollokationen und der der Idiome ein (vgl. Abb. 3).

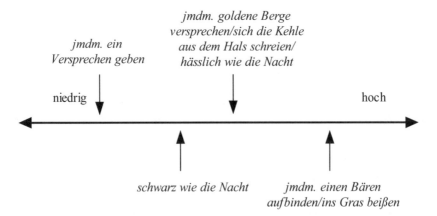

Abb. 3: Grad der Idiomatizität von Kollokationen und Idiomen

Idiomatizität ist ein skalares Phänomen: Idiome haben insgesamt einen höheren Idiomatizitätsgrad als Kollokationen, aber auch Kollokationen können mehr oder weniger idiomatisch sein. Obwohl beispielsweise *schwarz wie die Nacht* weniger idiomatisch ist als *hässlich wie die Nacht*, ist *schwarz wie die Nacht* auch nicht unbedingt als absolut nicht-idiomatisch einzustufen: Mit dem Ausdruck *schwarz wie die Nacht* wird zunächst eine Eigenschaft (Schwärze) mit einer Entität (der Nacht) verglichen, die Träger dieser Eigenschaft ist. Aus diesem Vergleich ergibt sich die Bedeutung des Ausdrucks *schwarz wie die Nacht*: *schwarz wie die Nacht* bedeutet 'sehr schwarz'. Der Aspekt dcr Intensivierung, der ein wesentlicher Bestandteil der Bedeutung dieses Ausdrucks ist, muss also aus dem Vergleich abgeleitet werden; sie ergibt sich nicht direkt aus den usuellen Bedeutungen der Komponenten dieser Wortverbindung. Insofern kann eine Kollokation wie *schwarz wie die Nacht* als schwach-idiomatisch betrachtet werden.

Funktionsverbgefüge wie *jmdm. ein Versprechen geben* und *jmdm. ein Angebot machen* können ebenfalls als nicht- oder schwach-idiomatisch betrachtet werden, weil die Verben *geben* und *machen* in diesen Wortverbindungen nicht in ihren usuellen Bedeutungen vorkommen, sondern eher bedeutungsarm sind. Diese Phraseologismen bestehen also aus einem Nomen in seiner usuellen Bedeutung und einem bedeutungsarmen Verb. In semantischer Hinsicht sind sie transparenter und somit auch weniger idiomatisch als komparative Phraseologismen wie etwa *schwarz wie die Nacht*. Außerdem sind Funktionsverbgefüge in morphosyntaktischer Hinsicht flexibel. Aufgrund ihrer morphosyntaktischen Flexibilität und ihres geringen Idiomatizitätsgrades nehmen sie auf der Kompositionalitätsskala eine Stelle an der Grenze zu den freien Wortverbindungen ein.

Wie Kollokationen bilden auch Idiome keine in sich homogene Klasse: Sie sind nicht alle gleich idiomatisch. Manche enthalten Komponenten, die ihre freie Bedeutung, d.h. die Bedeutung, die sie außerhalb des Idioms haben, beibehalten. Solche Idiome werden im Folgenden als teil-idiomatische Idiome oder Teil-Idiome bezeichnet. Beispiele teil-idiomatischer Ausdrücke sind *jmdm. goldene Berge versprechen* und *jmdn. in den hochsten Tönen loben*. Auch Wortverbindungen, die Jackendoff als idiomatische Spezialisierungen von „constructional idioms" bezeichnet, gehören ihrer Form nach zur Klasse der Teil-Idiome. Deutsche Beispiele solcher Wortverbindungen sind *sich die Kehle aus dem Hals schreien* und *jmdn. unter den Tisch/an die Wand/in die Ecke brüllen*. Diese Wortverbindungen haben eine ähnliche Struktur wie die englischen Ausdrücke *cry one's eyes out* und *scare the daylights out of somebody*, die Jackendoff als idiomatische Spezialisierungen der Resultativ-Konstruktion betrachtet (vgl. Jackendoff 1995, S. 153-156). Insofern diese Wortverbindungen eine feste phonologische Struktur (im Sinne Jackendoffs) haben, die aber auch eine Komponente mit wörtlicher Bedeutung enthält, können sie als Teil-Idiome betrachtet werden. Ihr Idiomatizitätsgrad ist in etwa mit dem von Phraseologismen wie *hässlich wie die Nacht* und *jmdm. goldene Berge versprechen* vergleichbar (vgl. Abb. 3).

Idiome, die keine Komponenten mit freier Bedeutung enthalten, sind „voll-idiomatisch" (vgl. Burger 1998, S. 32). Beispiele voll-idiomatischer Ausdrücke sind *jmdm. einen Bären aufbinden* und *die Radieschen von unten betrachten*. Das Vorhandensein von Komponenten mit freier Bedeutung erhöht den Kompositionalitätsgrad eines Idioms. Teil-Idiome sind daher immer kompositional im Fregeschen Sinn: Mindestens eine der Komponenten eines Teil-Idioms trägt mit ihrer usuellen Bedeutung zur Gesamtbedeutung des Ausdrucks bei. Dennoch können auch manche voll-idiomatische Idiome als kompositional betrachtet werden. Voll-idiomatische Idiome gelten als kompositional, wenn sie teilbar sind. Wie bereits in Abschnitt 2.1 erwähnt wurde, gelten Idiome als teilbar, wenn zur Erklärung ihrer Bedeutung eine Paraphrase angegeben werden kann, in der Teile ihrer lexikalischen Struktur mit Teilen ihrer Bedeutung korrespondieren. Ein voll-idiomatischer Ausdruck wie *den Wald vor lauter Bäumen nicht sehen* ist teilbar, während solche wie *ins Gras beißen* nicht teilbar sind.

Zusammenfassend kann man sagen, dass der Grad der Idiomatizität von Idiomen insgesamt höher ist als der von Kollokationen. Kollokationen sind in struktureller Hinsicht, d.h. im Hinblick auf ihre morpho-syntaktische Struktur und ihre lexikalische Besetzung, stabil bzw. nicht-kompositional. Idiome sind sowohl in struktureller Hinsicht als auch was ihre Bedeutung betrifft stabil bzw. nicht-kompositional. Der Grad der Nicht-Kompositionalität von Idiomen ist somit immer höher als der von Kollokationen. Der Grad der Kompositionalität von freien Wortverbindungen, Kollokationen, Idiomen und Wörtern wird in Abb. 4a dargestellt. Abb. 4b zeigt den Grad der Kompositionalität von voll- und teilidiomatischen Ausdrücken:

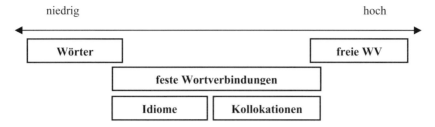

Abb. 4a: Grad der Kompositionalitität von freien Wortverbindungen, Kollokationen, Idiomen und Wörtern ('WV'= Wortverbindungen)

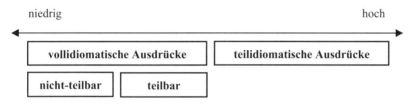

Abb. 4b: Grad der Kompositionalität von voll- und teilidiomatsichen Ausdrücken

In diesem Abschnitt wurden Phraseologismen definiert als polylexikalische Einheiten, deren morphosyntaktische und lexikalische Variabilität nicht nur durch die Regeln der Grammatik, sondern auch durch andere zusätzliche Prinzipien beschränkt ist. Demzufolge ist die morphosyntaktische und lexikalische Struktur phraseologischer Wortverbindungen insgesamt stabiler als die freier Wortverbindungen. Durch das Kriterium der relativen Stabilität, die ein typisches Merkmal phraseologischer Wortverbindungen ist, werden sowohl freie Wortverbindungen als auch Wörter aus der Klasse der Phraseologismen ausgeschlossen: Freie Wortverbindungen sind im Rahmen regulärgrammatischer Beschränkungen variabel, während die Frage der relativen Stabilität für Wörter nicht relevant ist.

Das Verhältnis von Stabilität und Flexibilität ist unterschiedlich bei unterschiedlichen Phraseologismen und bestimmt den Grad der Kompositionalität einer festen Wortverbindung. Für die zentrale Fragestellung dieses Beitrags – Sind Idiome Lückenfüller? – ist dies deswegen wichtig, weil der Grad der Kompositionalität einer festen Wortverbindung ein Indiz für deren lexikalischen Status ist. Ob eine komplexe Lexikalisierung eine Lücke im Bestand der Wörter, d.h. der einfachen Lexikalisierungen eines bestimmten Wortschatzbereichs füllen kann, ist u.a. davon abhängig, ob der lexikalische Status dieser komplexen Lexikalisierung mit dem eines einfachen lexikalischen

Ausdrucks vergleichbar ist. Wie ich in Abschnitt 2.3 gezeigt habe, ist dies bei Idiomen eher der Fall als bei Kollokationen. Da Idiome sowohl in struktureller als auch in semantischer Hinsicht stabil, d.h. nicht-kompositional sind, ist ihr Kompositionalitätsgrad niedriger als der von Kollokationen, die nur in struktureller Hinsicht stabil, d.h. nicht-kompositional sind. Auf der Kompositionalitätsskala stehen Idiome den Wörtern näher als Kollokationen, die eher eine Stelle an der Grenze zu den freien Wortverbindungen einnehmen (vgl. Abb. 4a/b). Idiome sind stabilere lexikalische Einheiten als Kollokationen. Sie kommen daher eher als Füller der Lücken im Bestand der einfachen Lexikalisierungen in Frage. Bevor ich weiter auf die Frage eingehe, ob Idiome Lücken füllen, werde ich im nächsten Abschnitt zeigen, wie Lücken im Wortschatzbereich der kommunikativen Ausdrücke erfasst und dargestellt werden können.

3.   Lexikalische Lücken

Die Frage, ob Idiome Lücken im Wortschatzbereich der kommunikativen Ausdrücke füllen, kann erst dann beantwortet werden, wenn man über ein System verfügt, mit dem nicht nur die tatsächlich vorhandenen, sondern auch die grundsätzlich möglichen, aber fehlenden Lexikalisierungen dieses Wortschatzbereichs erfasst und dargestellt werden können. Wenn auch die zu einem Wortschatzbereich gehörenden lexikalischen Lücken erfasst werden sollen, kann man nicht von den lexikalischen Ausdrücken einer bestimmten Sprache ausgehen, sondern man muss von den entsprechenden Konzepten ausgehen. Dazu braucht man ein konzeptuelles System, d.h. ein System, das die Ordnung der Konzepte darstellt. Zur Erfassung von Lücken im Bereich der kommunikativen Ausdrücke werde ich das von Harras entwickelte System benutzen, das die Ordnung kommunikativer Konzepte darstellt. Der Aufbau dieses Systems wird im nächsten Abschnitt erläutert.

3.1   Aufbau eines Ordnungssystems für kommunikative Konzepte

Sprechakt- und Kommunikationsverben werden zur Bezugnahme auf Situationen verwendet, in denen ein Sprecher, der bestimmte Einstellungen hat, einem Hörer etwas sagt. Dieser Situationstyp, der im Folgenden „allgemeiner Rekurssituationstyp" genannt wird, zeichnet sich durch das Vorhandensein von vier standardmäßigen Situationsrollen aus:

– die Rolle des Sprechers
– die Rolle des Hörers

- die Rolle des Äußerungsprodukts und
- die Rolle der komplexen kommunikativen Einstellung des Sprechers.

Dieser Situationstyp stellt den invariablen Bedeutungskern dar, der allen Sprechakt- und Kommunikationsverben gemeinsam ist. (Für eine ausführliche Darstellung dieses Systems, das der Einteilung der Sprechakt- und Kommunikationsverben im ersten Band des *Handbuchs deutscher Kommunikationsverben* zugrunde liegt, vgl. Harras 1994, 1995, 1998; Winkler 1996; 2001; Harras/Winkler 1994; Harras/Winkler/Erb/Proost 2004.)

Zwei dieser Rollen, nämlich die des Äußerungsprodukts und die der komplexen kommunikativen Einstellung des Sprechers, können weiter differenziert werden. Das Äußerungsprodukt wird unter dem Gesichtspunkt des propositionalen Gehalts (P) differenziert, während die komplexe kommunikative Einstellung des Sprechers differenziert wird in die propositionale Einstellung des Sprechers, d.h. die Einstellung des Sprechers zum Gesagten (z.B. ob er es für wahr hält, gut oder schlecht findet, ob er es will, usw.), die Sprecherabsicht und die Vorannahmen des Sprechers. (Zum Aufbau dieses Systems vgl. Abb. 5.)

Der propositionale Gehalt kann die folgenden Ausprägungen haben: Geschehenstyp, Zeitbezug, und (für den Fall, dass P eine Handlung ist) Rollenbezug. Für diese Ausprägungen gibt es die folgenden Möglichkeiten:

- Geschehenstyp: Zustand, Ereignis, Handlung (z.B. *angeben, prahlen*: Zustand oder Handlung; *behaupten*: unbestimmt; *auffordern*: Handlung.)
- Zeitbezug: vergangen oder zukünftig (z.B. *angeben, prahlen*: vergangen; *behaupten*: unbestimmt; *auffordern*: zukünftig)
- Rollenbezug (nur bei Handlungen): Sprecher, Hörer, Sprecher und Hörer, Dritte (z.B. *versprechen*: Sprecher; *auffordern*: Hörer; *vorschlagen*: Sprecher und Hörer)

Die propositionale Einstellung des Sprechers kann die Ausprägungen 'epistemisch', 'voluntativ', und 'emotiv' haben, für die es die folgenden Möglichkeiten gibt:

- epistemisch: S hält für wahr: P (z.B. *behaupten*)
- voluntativ: S will: P (z.B. *auffordern*)
- emotiv: S empfindet: Freude/Ärger/Leid wegen P (z.B. *jubilieren* bzw. *schimpfen* bzw. *klagen*)

Die Sprecherabsicht kann die Ausprägungen 'epistemisch', 'handlungsbezogen', 'deklarativ', 'ordinativ' und 'evaluativ' haben, die sich durch die folgenden Ausprägungsmöglichkeiten voneinander unterscheiden:

- epistemisch: S will: H erkennt: S hält für wahr: P (z.B. *behaupten*)
- handlungsbezogen: S will: H tut P (z.B. *auffordern*)
- deklarativ: S will: Q („Q" steht für einen institutionalisierten Sachverhalt) (z.B. *taufen*)
- ordinativ: S will: H findet: P x (z.B. *urteilen*)
- evaluativ: S will: H findet: P gut/schlecht (z.B. *angeben, prahlen*)

Für die Vorannahmen des Sprechers gibt es die Ausprägungen 'Erwartbarkeit von P', 'Interessenslage von S und H bzgl. P' und 'Interaktionswelt bzgl. H', für die es die folgenden Ausprägungsmöglichkeiten gibt:

- Erwartbarkeit von P: nicht erwartbar: P (z.B. *auffordern*); erwartbar: P (z.B. *warnen*)
- Interessenslage bzgl. P: im Interesse von S: P (z.B. *auffordern*); im Interesse von H: P (z.B. *raten*)
- Interaktionswelt bzgl. H: z.B. epistemische Einstellung von H (aus der Sicht von S): H kennt nicht: P (z.B. *mitteilen*)

Die Ausprägungen für die Vorannahmen des Sprechers sind allerdings nicht immer relevant; für die Bedeutung von Verben wie *tadeln* oder *angeben* spielen sie beispielsweise keine Rolle. Abb. 5 stellt den Aufbau des konzeptuellen Systems dar, mit dem der Wortschatzausschnitt der kommunikativen Ausdrücke in Paradigmen bedeutungsähnlicher Verben eingeteilt werden kann.

Die Aspekte 'propositionaler Gehalt', 'propositionale Einstellung', 'Sprecherabsicht' und 'Vorannahmen' sind empirisch gewonnen, d.h. aus einer Analyse von Sätzen, die Sprechaktprädikate enthalten, wie z.B.

(20) Fritz *behauptet*, dass der Euro eine starke Währung sei.

(21) Otto *bestreitet*, dass der Euro eine starke Währung sei.

(22) Anna *verspricht* Otto, ihm beim Aufräumen zu helfen.

Die Sätze (20)-(22) zeigen, dass die Sprechaktverben *behaupten*, *bestreiten* und *versprechen* in einigen Aspekten übereinstimmen und in ihnen auch minimal unterschieden werden können. Mit *behaupten* wird ausgedrückt, dass der Sprecher den im Komplementsatz ausgedrückten propositionalen

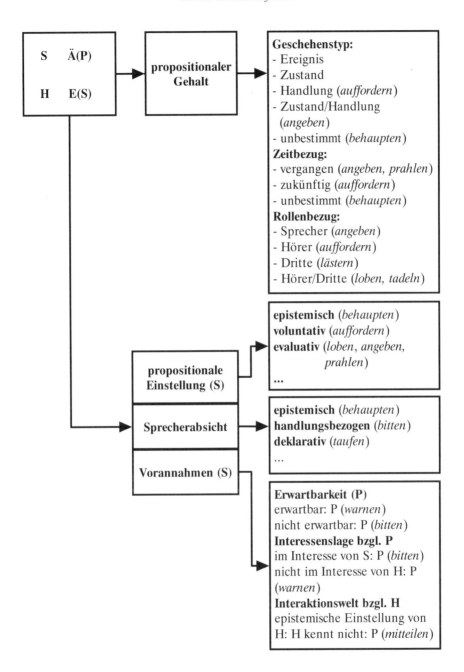

Abb. 5: Aufbau eines Systems zur Ordnung kommunikativer Konzepte

Gehalt für wahr hält, während mit *bestreiten* ausgedrückt wird, dass der Sprecher den propositionalen Gehalt nicht für wahr hält. In beiden Fällen hat die propositionale Einstellung des Sprechers die Ausprägung 'epistemisch'. Das Prädikat *versprechen* verlangt, dass der propositionale Gehalt P auf eine Handlung festgelegt ist, deren Agens der Sprecher ist. Außerdem verlangt *versprechen*, dass die Sprecherhandlung auf die Nachzeit festgelegt ist, dass die Art der propositionalen Einstellung auf eine voluntative Einstellung festgelegt ist (S will: H tut P) und dass die intentionale Einstellung des Sprechers darin besteht, dass H erkennt, dass S P tun will. Schließlich werden mit *versprechen* die Vorannahmen des Sprechers ausgedrückt, dass P im Interesse des Hörers und nicht erwartbar ist. Während die Aspekte 'propositionaler Gehalt', 'propositionale Einstellung', 'intentionale Einstellung' und 'Vorannahmen' empirisch gewonnen sind, werden die Möglichkeiten ihrer Ausprägungen systematisch, d.h. ohne Rücksicht auf einzelsprachliche Lexikalisierungen, ausgerechnet (vgl. Abb. 5). Da die Aspekte des propositionalen Gehalts, der propositionalen Einstellung, der Sprecherabsicht und der Vorannahmen empirisch gewonnen sind, ist die Vorgehensweise, die dem Aufbau des konzeptuellen Systems zugrunde liegt, nicht völlig sprachunabhängig. Eine Vorgehensweise, die völlig unabhängig von einer bestimmten Einzelsprache wäre, wäre schon deswegen nicht praktikabel, weil es für Sprechakte keinerlei natürliche Taxonomie gibt. Dies würde voraussetzen, dass die soziale Realität bereits vor den entsprechenden lexikalischen Ausdrücken durch unabhängige und eindeutige Formen einer systematischen Interaktion geregelt wäre. Da dies bis auf einige Ausnahmen institutioneller Herkunft nicht der Fall ist, dürfte es für die Relationierung von Sprechaktverben vergeblich sein, mit anderen Vorgaben zu rechnen als mit ihrem bloßen Auftreten im Gebrauch (vgl. Baumgärtner 1977, S. 259).

Durch das Kombinieren von Ausprägungen werden spezielle Rekurssituationstypen aufgebaut. Diese liefern das konzeptuelle Ordnungssystem für die Klassifizierung von Teilmengen kommunikativer Verben: Alle Verben, die die gleiche Kombination von Ausprägungen lexikalisieren, werden dem gleichen Paradigma zugeordnet. Zum *angeben*-Paradigma gehören beispielsweise auch Verben wie *prahlen*, *protzen* und *aufschneiden*, die genauso wie *angeben* zur Bezugnahme auf den folgenden speziellen Rekurssituationstyp verwendet werden:

{*angeben, prahlen, protzen, aufschneiden*}

propositionaler Gehalt – P

AUSPRÄGUNGEN	AUSPRÄGUNGSMÖGLICHKEITEN
Geschehenstyp:	Zustand/Handlung
Zeitbezug:	Vergangen
Rollenbezug:	Sprecher

propositionale Einstellung des Sprechers – E(S,P)

AUSPRÄGUNGEN	AUSPRÄGUNGSMÖGLICHKEITEN
Evaluativ	S findet: P gut

Sprecherabsicht – A(S)

AUSPRÄGUNGEN	AUSPRÄGUNGSMÖGLICHKEITEN
1. Epistemisch	S will: H erkennt: S findet: P gut
2. Evaluativ	S will: S findet: P gut

Vorannahmen von S – Va(S)

AUSPRÄGUNGEN	AUSPRÄGUNGSMÖGLICHKEITEN
Vorannahmen des Sprechers	P ist der Fall/S hat P getan

Abb. 6: Aspekte der Situation, auf die mit *angeben, prahlen* usw. Bezug genommen wird.

Angeben, prahlen, protzen und *aufschneiden* können insofern als Synonyme betrachtet werden als sie zur Bezugnahme auf den gleichen speziellen Rekurssituationstyp verwendet werden können.

3.2   Die lexikalische Ebene der Bedeutung kommunikativer Ausdrücke

Die Kombinationen von Ausprägungsmöglichkeiten decken die Bedeutung der jeweiligen Sprechakt- und Kommunikationsverben nicht vollständig ab. Zur lexikalischen Bedeutung von *angeben* gehört beispielsweise auch eine negative Bewertung, die aber kein Element der Rekurssituation ist: Ein Sprecher, der das Verb *angeben* zur Bezugnahme auf den Sprechakt eines Rekurssituationssprechers verwendet, der seine eigene Handlung oder eine seiner eigenen Eigenschaften als positiv darstellt, macht durch seine Wahl des Verbs *angeben* klar, dass er das Eigenlob des Rekurssituationssprechers für übertrieben oder unangemessen hält. Da diese Bewertung geäußert wird durch den Sprecher, der das Verb *angeben* zur Beschreibung der Bezugssituation verwendet, ist sie kein Element der Rekurs- sondern vielmehr der Diskurssituation. Das Verb *angeben* lexikalisiert also zwei Bewertungen: eine positive durch den Sprecher der Rekurssituation und eine negative durch den Sprecher der Diskurssituation. *Angeben, prahlen, protzen* und *aufschneiden* unterscheiden sich nicht hinsichtlich ihrer lexikalischen Bedeutung: Mit all diesen Verben wird auf einen Akt des Eigenlobs eines Rekurssituationssprechers referiert, der vom Sprecher der Diskurssituation als übertrieben oder unangemessen bewertet wird. Insofern sind diese Verben Synonyme. Sie unterscheiden sich jedoch hinsichtlich ihrer typischen Verwendungsweisen:

– *angeben* ist am wenigsten hinsichtlich der möglichen Kontexte beschränkt.

– *prahlen* und *protzen* werden häufig mit Präpositionalphrasen verwendet, deren Nominalphrasen auf Besitztümer oder physische Eigenschaften Bezug nehmen.

– *aufschneiden* wird oft mit Präpositionalphrasen verwendet, deren Nominalphrasen auf Erlebnisse Bezug nehmen.

Mit dem hier beschriebenen System zur Ordnung kommunikativer Konzepte wird nur die konzeptuelle Ebene der Bedeutung von Sprechakt- und Kommunikationsverben erfasst. Auf dieser Ebene werden alle Verben, die die gleichen Kombinationen von Ausprägungsmöglichkeiten lexikalisieren, zu Paradigmen zusammengefasst. Auf der lexikalischen Ebene der Bedeutung wird spezifiziert, wie die Verben, die ein Paradigma konstituieren, voneinander unterschieden werden können. Nach dem hier vorgeschlagenen Modell werden also zwei Ebenen der Bedeutung von Sprechakt- und Kommunikationsverben unterschieden: eine konzeptuelle und eine lexikalische. Dieser Unterschied entspricht der von der zwei-Ebenen-Semantik her bekannten Unterscheidung zwischen der Ebene der konzeptuellen Struktur und der der semantischen Form (vgl. dazu Bierwisch/Lang 1989 sowie Bierwisch/ Schreuder 1992).

3.3   Synonymiebeziehungen kommunikativer Ausdrücke

Da *angeben, prahlen, protzen* und *aufschneiden* nicht nur zur Bezugnahme auf den gleichen speziellen Rekurssituationstyp verwendet werden, sondern auch die gleiche lexikalische Bedeutung haben, sind sie sowohl in einem weiteren Sinn, d.h. hinsichtlich ihres konzeptuellen Gehalts, als auch in einem engeren Sinn, d.h. auf der lexikalischen Ebene ihrer Bedeutung, synonym. Andere Verben sind nur in weiterem Sinn Synonyme. Dies gilt z.B.

für die Gruppe der Artikulationsverben, zu denen Verben wie *lispeln*, *murmeln* und *näseln* gehören, die zur Bezugnahme auf Situationen verwendet werden, in denen ein Sprecher einem Hörer gegenüber etwas mit einer bestimmten Artikulation äußert. Aufgrund ihres gemeinsamen konzeptuellen Gehalts können Verben wie *lispeln*, *murmeln* und *näseln* als Synonyme (in weiterem Sinn) betrachtet werden. Diese Verben unterscheiden sich aber hinsichtlich ihrer lexikalischen Bedeutung: *lispeln* bedeutet '(vorübergehend) mit zwischen den Zähnen artikulierten Zischlauten sprechen' und unterscheidet sich damit sowohl von *murmeln*, das 'leise und undeutlich sprechen' bedeutet, als auch von *näseln*, das die Bedeutung '(vorübergehend) nasal sprechen' hat. Da *lispeln*, *murmeln* und *näseln* nur hinsichtlich ihres konzeptuellen Gehalts, aber nicht im Hinblick auf ihre lexikalische Bedeutung identisch sind, sind diese Verben nur in einem weiteren (oder schwächeren) Sinn Synonyme.

3.4   Lücken im Wortschatzausschnitt der kommunikativen Ausdrücke

Lexikalische Lücken gibt es sowohl auf der konzeptuellen als auch auf der lexikalischen Ebene der Bedeutung kommunikativer Ausdrücke. In dem eben erwähnten Paradigma der Artikulationsverben gibt es beispielsweise zwar Verben wie *murmeln* und *nuscheln*, die 'leise und undeutlich sprechen' bzw. 'undeutlich sprechen' bedeuten, aber keine mit der Bedeutung 'klar sprechen' bzw. 'laut und deutlich sprechen'. Die entsprechenden Leerstellen im Paradigma der Artikulationsverben sind Lücken auf der lexikalischen Ebene der Bedeutung. Lexikalische Lücken treten aber auch auf der konzeptuellen Ebene der Bedeutung auf: Es gibt durchaus Kombinationen von Ausprägungen für die Eigenschaften der kategorialen Aspekte, die nicht mit Sprechakt- oder Kommunikationsverben lexikalisiert sind. Bevor ich auf die Frage eingehe, ob Idiome Lücken im Wortschatzausschnitt der kommunikativen Ausdrücke füllen, werde ich einige Beispiele von lexikalischen Lücken geben, die sich aus der Inkompatibilität bestimmter Ausprägungsmöglichkeiten ergeben.

1. Für die Direktiva sind bestimmte Kombinationen von Ausprägungen der Sprecherabsicht und der Vorannahmen über die Erwartbarkeit von P nicht lexikalisiert. (Unter 'P: erwartbar' verstehe ich, dass P im normalen Verlauf der Dinge stattfinden würde. Vgl. dazu Searle 1980, S. 59.) Die folgende Kombination ist im Deutschen z.B. nicht lexikalisiert:

$$\left.\begin{array}{l} \text{I(S)} = \text{S will: H tut nicht P} \\[2ex] \text{Va(S)} = \text{P nicht erwartbar} \end{array}\right\} \rightarrow \varnothing$$

Diese Kombination würde das Konzept darstellen 'jmdm. etw. verbieten, was er ohnehin nicht getan hätte'. Obwohl ein entsprechender Sprechakt denkbar und insofern auch grundsätzlich möglich ist, ist er von einem kommunikativen Standpunkt aus betrachtet nicht sinnvoll. Aus diesem Grund können solche Kombinationen als „kommunikationslogisch unmöglich" bezeichnet werden. Die entsprechenden Lücken sind keine lexikalischen Lücken, sondern reine Matrixprodukte.

2. Für die Kommissiva sind bestimmte Vorannahmen über die Interessen des Sprechers nicht lexikalisiert. Ein Beispiel wäre ein Prädikat, das der folgenden Konfiguration entsprechen würde:

$$\left.\begin{array}{l} \text{E(S,P)} = \text{S will: P tun (P = zukünftige Handlung von S)} \\[2ex] \text{I(S)} = \text{S will: H erkennt: S will P tun} \\[2ex] \text{Va(S)} = \text{nicht im Interesse von S: P} \end{array}\right\} \rightarrow \varnothing$$

Diese Kombination stellt das Konzept einer zukünftigen Handlung des Sprechers dar, die vom Sprecher als negativ für sich selbst bewertet wird. Kommissiva lexikalisieren aber üblicherweise die Ausprägung 'im Interesse von H: P'. Eine Verteilung wie die obige müsste mit einem 'masochistischen' Prädikat lexikalisiert sein. Für nicht-sprachliches altruistisches Handeln gibt es Prädikate wie *sich aufopfern* und *sich schinden*; ein entsprechendes kommissives Prädikat gibt es aber nicht.

Bei den Direktiva ist die entsprechende Vorannahme über das Interesse des Hörers sowohl mit einfachen als auch mit komplexen Ausdrücken lexikalisiert:

$$\left.\begin{array}{l} \text{E(S,P)} = \text{S will: P} \\ \quad (\text{P = zukünftige Handlung von H}) \\[2ex] \text{I(S)} = \text{S will: H tut P} \\[2ex] \text{Va(S)} = \text{nicht im Interesse von H: P} \end{array}\right\} \rightarrow \left\{\begin{array}{l} \textit{zumuten} \\ \textit{aufbürden} \\ \textit{jmdm. etw. aufs} \\ \textit{Auge drücken} \end{array}\right.$$

Im Gegensatz zum entsprechenden Beispiel bei den Kommissiva kommen für die Lexikalisierung dieser Kombination die Verben *zumuten* und *aufbürden* sowie das Idiom *jmdm. etw. aufs Auge drücke*n in Frage. Diese können aber sowohl zur Bezugnahme auf sprachliche als auch auf nicht-sprachliche Handlungen verwendet werden und sind somit keine reinen Sprechaktverben.

An diesem Beispiel zeigt sich weiterhin, dass das Kombinieren von Werten für die Ausprägungen der kategorialen Aspekte nicht in jeder Einzelsprache zu den gleichen Ergebnissen führen muss. Die betreffende Kombination ist z.B. im Englischen nicht und im Niederländischen nur mit einem komplexen Ausdruck, nämlich mit dem Idiom *een last op iemands schouders leggen* lexikalisiert. Dieses Idiom füllt somit eine Lücke im Bestand der niederländischen Sprechakt- und Kommunikationsverben. Insofern entsprechende Lexikalisierungen in dem Deutschen nahe verwandten Sprachen ganz oder teilweise fehlen, ist das Vorhandensein von Ausdrücken wie *zumuten, aufbürden* und *jmdm. etw. aufs Auge drücken* eine Ausnahme; das Deutsche weicht in diesem Punkt von einer übereinzelsprachlichen Tendenz ab.

Für das Fehlen von Lexikalisierungen für die entsprechenden Konzepte kommissiver und direktiver Sprechakte kommt das folgende pragmatische Prinzip in Frage: Kommunikative Konzepte unterliegen der Ökonomie von Kosten und Nutzen, und diese vererbt sich auf die Lexikalisierung der entsprechenden Sprachhandlungskonzepte. Vorhandene Kommissiva wie *sich verpflichten* und *versprechen* referieren beispielsweise auf Situationen, in denen sowohl sprecherseitige Kosten als auch hörerseitiger Nutzen eine Rolle spielen. Parallel dazu referieren bestehende Direktiva wie *auffordern* und *verlangen* auf Situationen, die sowohl durch hörerseitige Kosten als auch durch sprecherseitigen Nutzen gekennzeichnet sind. Kommissiva und Direktiva werden also zur Bezugnahme auf Situationen verwendet, die durch ein Gleichgewicht von Kosten und Nutzen für S und H charakterisiert sind. Mit kommissiven Äquivalenten von *sich aufopfern* und *sich schinden* würde aber auf Situationen Bezug genommen werden, in denen S sowohl die Kosten der Ausführung der Handlung tragen würde als auch die des negativen Resultats der Handlung. Akte, durch die nur sprecherseitige Kosten entstehen, wären unökonomisch. Umgekehrt referieren Verben wie *zumuten* nur auf Situationen, die durch hörerseitige Kosten gekennzeichnet sind. Mit diesen Verben wird auf Sprechakte Bezug genommen, bei denen H sowohl die Kosten der Ausführung des Aktes trägt als auch die des negativen Resultats dieses Aktes, was ebenfalls unökonomisch wäre. Das fehlende Gleichgewicht von Kosten und Nutzen für S und H könnte der Grund dafür sein, dass sprechaktbezogene Äquivalente von *sich aufopfern* und *sich schinden* fehlen und Verben wie *zumuten* von einem sprachvergleichenden Standpunkt aus betrachtet selten vorkommen.

3. Im Deutschen gibt es keine Lexikalisierungen für Kombinationen von Ausprägungsmöglichkeiten für den kategorialen Aspekt der Sprecherabsicht (zu diesem Beispiel siehe auch Harras 1994, S. 39). Möglich wäre z.B. die folgende Kombination:

$$
\left[
\begin{array}{l}
\text{S will: H hält für wahr: P} \\[1em]
\text{S will: H erkennt: S findet: P gut/schlecht}
\end{array}
\right] \rightarrow \varnothing
$$

Dieser Kombination würden Prädikate entsprechen, mit denen sowohl das Bestehen eines Sachverhalts behauptet oder supponiert wird als auch dieser Sachverhalt bewertet wird. Beispiele solcher Prädikate wären **gut jahen*, **schlecht neinen* und **mies jahen*. Tatsächlich vorhandene Verben wie *kritisieren*, *loben*, *tadeln* usw. füllen diese Lücke nicht, denn sie sind faktive Verben, d.h. Verben, mit denen das Bestehen der jeweiligen bewerteten Sachverhalte vorausgesetzt, d.h. präsupponiert (und nicht supponiert) wird. Der Grund für das Auftreten dieser Lücken ist unklar: Ein kommunikatives Konzept, das dieser Wertekombination entsprechen würde, scheint zumindest logisch möglich. Ich werde nun auf die Frage eingehen, ob Idiome (und evtl. auch einige Kollokationen) Lücken auf der konzeptuellen und/oder der lexikalischen Ebene der Bedeutung kommunikativer Ausdrücke füllen.

4.   Einfache vs. komplexe Lexikalisierungen

4.1   Die Datengrundlage

Der Untersuchung der Verteilung von einfachen und komplexen Lexikalisierungen im Wortschatzausschnitt der kommunikativen Ausdrücke wurde ein Korpus von 676 komplexen kommunikativen Ausdrücken (Kollokationen und Idiomen) zugrunde gelegt. Das Korpus wurde auf der Grundlage des Duden-Idiomwörterbuchs (Duden 1998: Duden Redewendungen und sprichwörtliche Redensarten) erstellt, aus dem diejenigen Phraseologismen ausgewählt wurden, die zur Bezugnahme auf sprachliche Handlungen verwendet werden. Das auf Duden (1998) basierte Korpus wurde durch eigene Beispiele ergänzt. Nicht berücksichtigt wurden:

- veraltete oder veraltende Ausdrücke; Beispiele:

  jemanden in den Himmel (er)heben ('jmdn. sehr loben'),

  mit jemandem über etwas zu Rate sitzen ('sich beraten'), ...

- Ausdrücke, die nicht primär kommunikative Ausdrücke sind; Beispiele (Bedeutungsparaphrasen zitiert nach Duden 1998):

  ein Gewese (von jemandem/etwas) (um jemanden/etwas) machen ('jmdm./ etwas übertrieben große Bedeutung beimessen und dies auffällig erkennen lassen')

  jemanden vom rechten Weg abbringen ('jmdn. zu einem schlechten Lebenswandel verleiten')

  mit offenem Visier kämpfen ('kämpfen, ohne seine Absichten zu verbergen')

  ins Fettnäpfchen treten ('durch eine Bemerkung oder Frage jmds. Unwillen erregen')

Mit *ein Gewese machen* wird zugleich auf eine bestimmte psychische Einstellung ('etwas wichtig finden') und das Äußern dieser Einstellung Bezug genommen. *jmdn. vom rechten Weg abbringen* und *mit offenem Visier kämpfen* werden zur Bezugnahme auf Handlungsketten verwendet, die nicht nur aus sprachlichen, sondern auch aus nicht-sprachlichen Handlungen bestehen. Mit *ins Fettnäpfchen treten* wird auf das Resultat einer beliebigen sprachlichen Handlung (Unwillen) Bezug genommen. Für all diese Ausdrücke gilt, dass sie hinsichtlich der sprachlichen Handlung, auf die mit ihnen Bezug genommen wird, völlig unspezifisch sind. Ausdrücke wie diese wurden nicht in das Korpus aufgenommen.

- Dispositionsprädikate; Beispiele:

  auswärts reden/sprechen ('eine fremde Sprache gut sprechen können')

  eine große Klappe haben ('großsprecherisch sein')

Diese Ausdrücke beziehen sich nicht auf sprachliche Handlungen, sondern auf Charaktereigenschaften von Sprechern, die sich in deren sprachlichen Handlungen zeigen. Solche Ausdrücke wurden ebenfalls aus dem Korpus ausgeschlossen.

Die Unterscheidung von Idiomen und Kollokationen wurde aufgrund des in Abschnitt 2.3 diskutierten Kriteriums der Idiomatizität, d.h. der Nicht-Kompositionalität der Bedeutung getroffen. Außerdem wurde das Kriterium des Vorhandenseins unikaler Komponenten zur Unterscheidung von Idiomen und Kollokationen herangezogen. Das Vorhandensein solcher Komponenten erhöht den Idiomatizitätsgrad einer festen Wortverbindung. Ausdrücke wie *jemanden in die Irre führen/leiten* oder *jemanden in Verruf bringen* wurden beispielsweise als Idiome eingestuft, weil sie die Komponenten *Irre* bzw. *Verruf* enthalten, deren Vorkommen auf diese Wortverbindungen beschränkt ist. Da unikale Komponenten gar keine sog. freie, d.h. nicht phraseologisch gebundene Bedeutung haben, sind Wortverbindungen, die solche Komponenten enthalten, in semantischer Hinsicht immer nicht-kompositional oder idiomatisch: Ihre Bedeutung setzt sich nicht aus den usuellen Bedeutungen ihrer Bestandteile zusammen.

Lexikalische, d.h. usualisierte Varianten einer festen Wortverbindung wurden im Korpus nur einmal gezählt. Dementsprechend wurden die folgenden Idiome jeweils nur als ein Idiom und nicht etwa entsprechend der Zahl ihrer lexikalisierten Varianten gezählt:

> *jemandem zureden wie einem lahmen Gaul/einem kranken Schimmel/*
> *einem kranken Pferd/einem kranken Ross/einem kranken Kind*
> *jemanden auf Draht/Trab/Zack bringen*
> *jemandem auf den Zahn/Puls fühlen*

Komplexe Lexikalisierungen mit mehr als einer Lesart wurden entsprechend der Zahl ihrer Lesarten gezählt. Ein Idiom wie *jemandem auf den Zahn/Puls fühlen* wurde beispielsweise zweimal gezählt, weil es sowohl dem *aushorchen-* als auch dem *prüfen*-Paradigma zugeordnet werden kann. Das Korpus komplexer kommunikativer Ausdrücke enthält 639 monoseme und 18 polyseme Ausdrücke. 17 der polysemen Ausdrücke haben zwei Lesarten; nur eine von ihnen (*eine Verpflichtung eingehen*) hat drei Lesarten: *eine Verpflichtung eingehen* kann als Synonym zu *versprechen*, *garantieren* und *geloben* verwendet werden, die unterschiedlichen Paradigmen kommissiver Verben angehören. Da die Ausdrücke mit zwei bzw. drei Lesarten doppelt bzw. dreifach gezählt wurden, enthält das Korpus insgesamt 676 komplexe Lexikalisierungen. Zu den komplexen Ausdrücken, die Teil des Korpus sind, zählen 202 Kollokationen und 474 Idiome. Die Gesamtzahl der berücksichtigten Idiome setzt sich aus 402 vollidiomatischen und 72 teilidiomatischen Ausdrücken zusammen. Kollokationen repräsentieren somit 29,9% und voll- und teilidiomatische Ausdrücke 59,5% bzw. 10,6% der 676 berücksichtigten komplexen Lexikalisierungen (vgl. Abb. 7):

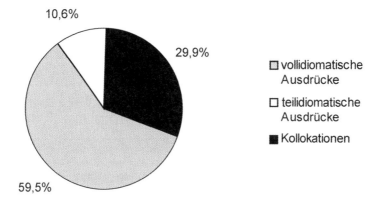

Abb. 7: Zusammensetzung des Korpus komplexer kommunikativer Ausdrücke (Kollokationen, vollidiomatische und teilidiomatische Ausdrücke)

Da in diesem Beitrag untersucht werden soll, welche Funktion komplexe Lexikalisierungen im Lexikalisierungsraum kommunikativer Konzepte erfüllen, werde ich zunächst versuchen, die für das Korpus selektierten Idiome und Kollokationen den Paradigmen der Sprechakt- und Kommunikationsverben zuzuordnen. Eine solche Zuordnung wird zeigen, ob die Bedeutung komplexer kommunikativer Ausdrücke grundsätzlich mit den Parametern des Ordnungssystems beschrieben werden kann, die sich für die Beschreibung der Bedeutung von Sprechakt- und Kommunikationsverben als ausreichend erwiesen haben.

4.2 Komplexe Lexikalisierungen in Paradigmen einfacher kommunikativer Ausdrücke

Von den 676 komplexen kommunikativen Ausdrücken, die in das Korpus aufgenommen wurden, können 441, d.h. 65,2%, den Paradigmen der Sprechakt- und Kommunikationsverben zugeordnet werden, d.h. 65,2% der berücksichtigten komplexen kommunikativen Ausdrücke treten als Synonyme zu den einfachen kommunikativen Ausdrücken auf. Die folgenden Idiome und Kollokationen sind Beispiele komplexer kommunikativer Ausdrücke, die dem Paradigma zugeordnet werden können, zu dem auch Verben wie *mitteilen*, *informieren* und *sagen* gehören: (In den Beispielen stehen die Abkürzungen KOLL für 'Kollokation', I für 'vollidiomatischer Ausdruck', TI für 'teilidiomatischer Ausdruck' und Sa(P) für 'sprachliche Äußerung mit propositionalem Gehalt'.)

(23)   Synonyme zu *mitteilen, informieren, sagen* usw.:
(*mitteilen, informieren, sagen*: eine oder mehrere Sa(P) äußern,
um zu bewirken, dass H P kennt)
– (jmdm.) Bescheid sagen (KOLL)
– jmdn. über etwas ins Bild setzen (I)
– jmdn. von etwas in Kenntnis setzen (KOLL)
– jmdm. etwas zur Kenntnis bringen (KOLL)
– jmdm. ein Licht aufstecken (I)
– jmdn. schlau machen (I)
– jmdn. etwas wissen lassen (KOLL)

Mit Repräsentativa wie *mitteilen* wird auf Situationen Bezug genommen, in denen ein Sprecher, dessen propositionale Einstellung darin besteht, dass er P kennt, mit seiner Äußerung bewirken will, dass der Hörer P kennt. Dabei geht S davon aus, dass H P nicht kennt. Diese Sprechereinstellungen sind Elemente der Situation, auf die mit Verben wie *mitteilen* Bezug genommen wird; sie machen den konzeptuellen Anteil der Bedeutung dieser Verben aus. Zur Bezugnahme auf die Sprechereinstellungen, die mit Verben wie *mitteilen* lexikalisiert sind, können auch die komplexen Ausdrücke in (23) verwendet werden (vgl. Abb. 8):

```
Prop. Einstellung (S): S kennt: P
Sprecherabsicht: S will: H kennt: P
Vorannahme (S): H kennt nicht: P
```

{*mitteilen, informieren, sagen, (jmdm.) Bescheid sagen, jmdn. über etwas ins Bild setzen, jmdn. von etwas in Kenntnis setzen, jmdm. etwas zur Kenntnis bringen, jmdm. ein Licht aufstecken, jmdn. schlau machen, jmdn. etwas wissen lassen*}

Abb. 8: Konzeptuelle Ebene der Bedeutung von *mitteilen* usw.

Ähnlich wie das *mitteilen*-Paradigma enthält das *versprechen*-Paradigma nicht nur einfache Ausdrücke (*versprechen, sich verpflichten, schwören* und *geloben*), sondern auch komplexe Lexikalisierungen:

(24) Synonyme zu *versprechen*:

(*versprechen*: eine oder mehrere Sa(P) äußern, um zu bewirken, dass H erkennt, dass S P tun will; P ist im Interesse von H)

– (jmdm.) ein Versprechen geben (KOLL)

– (jmdm.) sein Wort/ Ehrenwort geben (KOLL)

– jmdm. etwas in Aussicht stellen (KOLL)

– eine Verpflichtung eingehen (KOLL)

– eine Zusicherung machen (KOLL)

Synonym zu *schwören*:

(*schwören*: mit Nachdruck eine oder mehrere Sa(P) äußern, um zu bewirken, dass H P kennt; P ist im Interesse von H)

– (jmdm.) etwas hoch und heilig versprechen (TI)

Synonym zu *geloben*:

(*geloben*: verbindlich eine oder mehrere Sa(P) äußern, um zu bewirken, dass H erkennt, dass S P tun will; P ist im Interesse von H)

– ein Gelöbnis ablegen (KOLL)

Kommissiva wie *versprechen*, *schwören* und *geloben* werden zur Bezugnahme auf Situationen verwendet, die durch die folgenden Sprechereinstellungen gekennzeichnet sind:

(25)   propositionale Einstellung (S): S will: P tun
       Sprecherabsicht: S will: H erkennt: S will: P tun
       Vorannahme (S): im Interesse von H: P

Diese Kombination von Sprechereinstellungen bildet den gemeinsamen konzeptuellen Gehalt der Bedeutung von *versprechen*, *schwören* und *geloben*. Die Unterschiede in der Bedeutung dieser Verben, die durch die Bedeutungsparaphrasen in (24) wiedergegeben werden, betreffen die lexikalische Ebene ihrer Bedeutung. Die Idiome und Kollokationen in (24) können genauso wie die einfachen Ausdrücke *versprechen*, *schwören* und *geloben* zur Bezugnahme auf Situationen verwendet werden, die durch die Sprechereinstellungen in (25) gekennzeichnet sind (vgl. Abb. 9):

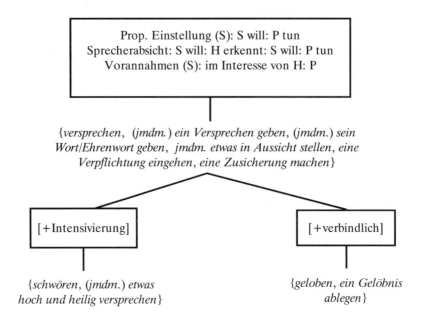

Abb. 9: Konzeptuelle und lexikalische Ebene der Bedeutung von *versprechen, schwören, geloben* usw.

Die komplexen Lexikalisierungen, die den Feldern der Sprechakt- und Kommunikationsverben zugeordnet werden können, sind aber nicht gleichmäßig über die Verbfelder verteilt, sondern sie häufen sich besonders in ganz bestimmten Paradigmen. Außerdem gibt es wesentliche Unterschiede zwischen Idiomen und Kollokationen hinsichtlich ihres Vorkommens in den Paradigmen einfacher kommunikativer Ausdrücke. Insgesamt haben sich bei der Zuordnung komplexer Lexikalisierungen zu den Paradigmen einfacher kommunikativer Ausdrücke die folgenden Tendenzen gezeigt:

a)   Das Verhältnis von Kollokationen und Idiomen

Kollokationen können weitaus häufiger als Idiome den Paradigmen der Sprechakt- und Kommunikationsverben zugeordnet werden: Von der Gesamtzahl der 202 Kollokationen kommen 183, d.h. 90,6%, in den Feldern der Sprechakt- und Kommunikationsverben vor, während dies nur bei 54,4% der Idiome (258 aus 474) der Fall ist. Bei den teilidiomatischen Ausdrücken zeigt sich diese Tendenz sogar noch klarer als bei den vollidiomatischen: Nur 27,8% von ihnen (20 aus 72) treten als Synonyme zu den einfachen

Lexikalisierungen auf; von den vollidiomatischen Ausdrücken können immerhin 59,2% (238 aus 402) als Synonyme zu den einfachen kommunikativen Ausdrücken verwendet werden (vgl. Abb. 10):

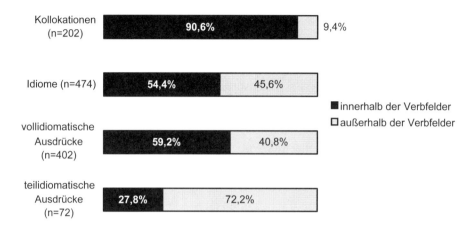

Abb. 10: Typen komplexer kommunikativer Ausdrücke innerhalb und außerhalb der Paradigmen der Sprechakt- und Kommunikationsverben

Dieses Ergebnis bestätigt eine Tendenz, auf die bereits in Abschnitt 1. hingewiesen wurde: Kollokationen und einfache kommunikative Ausdrücke lexikalisieren grundsätzlich die gleichen kommunikativen Konzepte. Dies bedeutet aber nicht notwendigerweise, dass Kollokationen und einfache Lexikalisierungen semantische Dubletten sind. Kollokationen haben häufig andere ereignisstrukturelle Eigenschaften als die ihnen entsprechenden einfachen lexikalischen Ausdrücke. Die ereignisstrukturellen Unterschiede zwischen Kollokationen und ihren monolexikalischen Pendants zeigen sich beispielsweise in der Kombinierbarkeit dieser beiden Ausdrücke mit Zeitadverbien. Das Ergebnis der Untersuchung zur Häufigkeit des Vorkommens von Kollokationen und Idiomen in den Feldern der einfachen lexikalischen Ausdrücke zeigt vielmehr, dass die Unterschiede in der Bedeutung von Kollokationen und Verben nicht die mit diesen Ausdrücken lexikalisierten Konzepte betreffen.

Das Verhältnis von Kollokationen und Idiomen ist unterschiedlich in den Feldern der Sprechaktverben und denen der Kommunikationsverben. In den Paradigmen der Kommunikationsverben ist das Verhältnis von Kollokationen und Idiomen mehr oder weniger ausgewogen (47,1% Kollokationen vs. 52,9% Idiome); in denen der Sprechaktverben sind Idiome stärker repräsentiert als Kollokationen (40,4% Kollokationen vs. 59,6% Idiome). Obwohl Idiome stärker in den Gruppen der Verben, die Sprechereinstellungen lexikalisieren, vertreten sind, zeigt dieses Ergebnis dennoch, dass auch die Paradigmen der Verben, die hinsichtlich der Sprechereinstellungen völlig unspezifisch sind, Idiome enthalten. Dies bedeutet, dass es durchaus auch Idiome gibt, die gar keine Sprechereinstellungen lexikalisieren. Das Korpus enthält 37 Idiome dieser Art. Die folgenden Ausdrücke sind Beispiele von Idiomen, die ebenso wenig wie die ihnen entsprechenden Verben Sprechereinstellungen lexikalisieren: (Die zu den jeweiligen Paradigmen gehörenden Kollokationen sind unterhalb der Idiome in Klammern aufgeführt.)

(26)   Synonyme zu *erwähnen*:
        – die Sprache auf etwas bringen (I)
        – etwas ins Feld führen (I)
        – etwas in den Raum stellen (I)
        – etwas zur Sprache bringen (I)
        – etwas aufs Tapet/Trapez bringen (I)
        – (etwas einfließen lassen)

        Synonyme zu *hervorheben*:
        – etwas ins Blickfeld rücken (I)
        – (einer Sache Nachdruck verleihen)

        Synonyme zu *unterbrechen*:
        – jmdm. über den Mund fahren (I)
        – jmdm. ins Wort/in die Rede fallen (I)
        – jmdm. das Wort/die Rede abscheiden (I)

        Synonyme zu *telefonieren*:
        – an der Strippe hängen (I)
        – am Telefon hängen (TI)
        – jmdn. an der Strippe haben (I)

        Synonyme zu *anrufen*:
        – sich an die Strippe hängen (I)
        – sich ans Telefon hängen (TI)

Allerdings weist das Verhältnis von Kollokationen und Idiomen in den einzelnen Großgruppen der Sprechaktverben (Repräsentativa, Direktiva, Kommissiva, Expressiva und Deklarativa) bedeutende Unterschiede auf. Die auffälligsten Unterschiede zeigen sich in den Feldern deklarativer Verben. Von den 34 komplexen Ausdrücken, die diesen Feldern zugeordnet werden können, sind 30 (d.h. 88,2%) Kollokationen; nur 4 von ihnen (11,8%) sind teil- oder vollidiomatische Ausdrücke. Zur Erklärung dieses Ergebnisses kommen Eigenschaften der Situationen in Frage, auf die mit Deklarativa Bezug genommen wird: Deklarativa werden zur Bezugnahme auf Situationen verwendet, in denen ein weisungsbefugter Sprecher, der Vertreter einer Institution oder Einrichtung ist, nach einem bestimmten institutionell geregelten Verfahren eine bestimmte institutionelle Tatsache herbeiführt. Die Einstellungen des Sprechers spielen dabei keine Rolle. Idiome scheinen nur äußerst selten zur Bezugnahme auf Sprechakte dieser Art verwendet zu werden. Da Deklarativa sich gerade dadurch von allen anderen Sprechaktverben unterscheiden, dass sie keine Sprechereinstellungen lexikalisieren, bestätigt die geringe Anzahl idiomatischer Wortverbindungen in den Paradigmen der Deklarativa zunächst die weit verbreitete These, dass mit Idiomen Sprechereinstellungen ausgedrückt würden. In dieser Hinsicht unterscheiden sich die Paradigmen der Sprechaktverben von denen der Kommunikationsverben, in denen einige Idiome vorkommen, mit denen gar keine Sprechereinstellungen ausgedrückt werden.

Auch in den Feldern der Direktiva gibt es auffällig mehr Kollokationen als Idiome. 69 der 95 (72,6%) komplexen Lexikalisierungen, die den Paradigmen entsprechender direktiver Verben zugeordnet werden können, sind Kollokationen, während nur 26 von ihnen (27,4%) vollidiomatische Ausdrücke sind. Teilidiome kommen in den Feldern der Direktiva nicht vor. Die Idiome und Kollokationen, die als Synonyme direktiver Verben vorkommen, sind auch gleichmäßig über die einzelnen Paradigmen verteilt; es gibt keine Felder, in denen sie über- oder unterrepräsentiert wären. In den Paradigmen der Kommissiva, die generell weniger Ausdrücke enthalten als die der Direktiva, sind Idiome und Kollokationen gleich stark vertreten (22 Kollokationen vs. 22 Idiome). Diese Beobachtungen zeigen, dass auf bestimmte Sprechereinstellungen eher nicht mit Idiomen, sondern eher mit einfachen lexikalischen Ausdrücken oder Kollokationen Bezug genommen wird. Dies gilt besonders für Sprechereinstellungen, die eine zukünftige Handlung von H betreffen.

Ein ganz anderes Verhältnis von Kollokationen und Idiomen gibt es in den Paradigmen der Repräsentativa und Expressiva, in denen weitaus mehr Idiome als Kollokationen vorkommen. Am deutlichsten ist dies bei den Expressiva. 92,2% (118 aus 128) der komplexen lexikalischen Ausdrücke, die den

Paradigmen der Expressiva zugeordnet werden können, sind Idiome; nur 7,8% von ihnen (10 aus 128) sind Kollokationen. Die Idiome, die als Synonyme expressiver Verben vorkommen, sind aber nicht gleichmäßig über die einzelnen Paradigmen dieser Verben verteilt, sondern sie häufen sich in einigen wenigen von ihnen, z.B. vor allem in einigen Paradigmen negativ-bewertender Expressiva wie dem des Typs 'vorwerfen', das 49 Idiome und 2 Kollokationen enthält. Das *vorwerfen*-Paradigma enthält Verben, mit denen auf Situationen Bezug genommen wird, in denen ein Sprecher eine vergangene Handlung des Hörers negativ bewertet. Auf solche Situationen wird mit Verben wie *vorwerfen*, *vorhalten* und *zurechtweisen* Bezug genommen. Synonym zu diesen Verben können die Idiome in (27) verwendet werden, die eine Auswahl aus den 49 zu dem *vorwerfen*-Paradigma gehörenden Idiomen darstellen:

(27)   Synonyme zu *vorwerfen*, *vorhalten* und *zurechtweisen*:
         – jmdm. etw. aufs Brot/Butterbrot schmieren/streichen
         – jmdn. zur Brust nehmen
         – jmdm. auf die Finger klopfen
         – jmdm. die Flötentöne beibringen
         – jmdm. eine Gardinenpredigt/eine Standpaukc haltcn
         – jmdm. ins Gewissen reden
         – jmdm. etw. an den Kopf werfen
         – jmdm. den Kopf waschen
         – jmdm. etw. unter die Nase reiben
         – jmdm. ein paar Takte sagen/erzählen
         usw.

Idiome häufen sich außerdem im Paradigma der negativ-bewertenden resultativen Expressiva. Diese Verben werden zur Bezugnahme auf Situationen verwendet, in denen ein Sprecher zum Ausdruck bringt, dass er eine vergangene Handlung oder eine vergangene Eigenschaft des Hörers negativ bewertet und damit bewirkt, dass das gesellschaftliche Ansehen des Hörers herabgesetzt ist. Zur Bezugnahme auf Situationen dieser Art können nicht nur Verben wie *diffamieren*, *diskreditieren*, *schlecht machen*, *verunglimpfen*, *verleumden* usw., sondern auch die Idiome in (28) verwendet werden:

(28)   Synonyme zu *diffamieren*, *diskreditieren* usw.:
         – jmdn. ins Gerede/in Misskredit /in Verruf bringen
         – jmdn./etw. in den Kot/Dreck ziehen/treten

– jmdn. mit Kot/Dreck/Schmutz bewerfen/besudeln
– jmdn. madig machen
– jmdn./etw. durch die Scheiße/den Staub ziehen/zerren
– jmdn./etw. in den Schmutz/Staub zerren/ziehen/treten
– jmdm. etw. ans Zeug flicken

Auffällige Anhäufungen von Idiomen gibt es schließlich im Paradigma der positiv-bewertenden Expressiva vom Typ 'angeben'. Obwohl mit Expressiva dieses Typs zunächst auf Situationen Bezug genommen wird, in denen ein Sprecher zum Ausdruck bringt, dass er eine seiner eigenen vergangenen Handlungen oder eine seiner Eigenschaften positiv bewertet, enthält die Bedeutung von Verben wie *angeben* auch eine negativ-bewertende Komponente, die kein Element der Rekurs-, sondern der Diskurssituation ist (vgl. Abschnitt 3.2). Zum Paradigma dieser Verben gehören auch Idiome wie die in (29), die als Synonyme zu *angeben*, *prahlen*, *protzen* und *aufschneiden* verwendet werden können:

(29)   Synonyme zu *angeben*, *prahlen*, *protzen*, *aufschneiden*:
       – sich in die Brust werfen
       – angeben wie zehn nackte Neger/ein Wald voll Affen/eine
         Tüte Mücken
       – (sich) (mit etw.) dick(e) tun/sich (mit etw.) dick(e) machen
       – kräftig/mächtig ins Horn stoßen
       – (kräftig) in die Trompete stoßen
       – dicke/große Töne reden/sprechen
       – große Sprüche machen/klopfen
       – große Reden schwingen/führen
       – den Mund (zu) voll nehmen
       – eine Stange angeben

Zusammenfassend kann man sagen, dass die große Mehrzahl der Idiome, die in den Paradigmen der Expressiva vorkommen (79 aus 118, d.h. 66,9%), zu dem Paradigma der negativ-bewertenden Expressiva vom Typ 'vorwerfen', zu dem der negativ-bewertenden resultativen Verben oder zu dem der positiv-bewertenden Verben von Typ 'angeben' gehören. Diesen Paradigmen ist gemeinsam, dass sie Ausdrücke enthalten, die zur Bezugnahme auf Situationen verwendet werden, in denen eine vergangene Handlung negativ bewertet wird. Die übrigen Idiome verteilen sich etwa gleichmäßig über die anderen Felder negativ-bewertender Verben (z.B. die vom Typ 'meckern' oder 'tadeln') und die der emotiven Expressiva, mit denen auf das Äußern von Ärger oder Leid Bezug genommen wird. In diesen Paradigmen kommen jeweils nur einige wenige Idiome vor.

Die Paradigmen der Expressiva, mit denen auf Situationen Bezug genommen wird, in denen ein Sprecher seine Freude wegen P zum Ausdruck bringt, enthalten gar keine Idiome und nur einige wenige Kollokationen. Beispiele solcher Paradigmen sind die, die Verben wie *gratulieren* und *danken* enthalten. Diese Verben werden häufig zur Bezugnahme auf Situationen verwendet, in denen ein Sprecher meist formelhaft Verbindlichkeiten oder Konventionen der Kulturgemeinschaft, der er angehört, nachkommt, um als jemand zu gelten, der Freude über etwas empfindet, das den Hörer betrifft bzw. das H für ihn getan hat. Idiome fehlen außerdem im *kondolieren*-Paradigma sowie in dem, das die Verben *grüßen* und *begrüßen* enthält. *kondolieren* wird häufig zur Bezugnahme auf Situationen verwendet, in denen ein Sprecher gesellschaftlichen Verbindlichkeiten oder Konventionen nachkommt, um zu bewirken, dass er als jemand gilt, der Mitleid mit H empfindet. Mit *grüßen* wird auf ein Ritual Bezug genommen, mit dem ein Sprecher einem Hörer gegenüber zum Ausdruck bringt, dass er die Anwesenheit von H wahrnimmt und sozial anerkennt. Verallgemeinernd kann man sagen, dass Idiome in den Paradigmen der Expressiva, mit denen auf gesellschaftliche Konventionen oder Rituale Bezug genommen wird, gar nicht vorkommen.

Idiome sind auch in den Paradigmen der Repräsentativa stärker vertreten als Kollokationen. Insgesamt enthalten die Felder repräsentativer Verben 70 komplexe Lexikalisierungen. 19 von diesen (27,1%) sind Kollokationen; 72,9% sind teil- oder vollidiomatische Ausdrücke. Außerdem sind die zu den Paradigmen der Repräsentativa gehörenden Idiome ungleichmäßig über die einzelnen Paradigmen verteilt. Sie häufen sich besonders im Paradigma der Assertive vom Typ 'lügen', zu dem Verben wie *lügen, flunkern* und *schwindeln* gehören. Mit all diesen Verben wird auf Situationen Bezug genommen, in denen ein Sprecher, der P nicht für wahr hält und davon ausgeht, dass H P nicht kennt, mit seiner Äußerung bewirken möchte, dass H P für wahr hält. Zum *lügen*-Paradigma gehören zahlreiche Idiome, die als Synonyme zu *lügen* verwendet werden können. Viele von diesen lexikalisieren einen höheren Grad der Unaufrichtigkeit als *lügen*:

(30) Synonyme zu *lügen*:
 – jmdm. einen Bären aufbinden
 – jmdn. über den Löffel barbieren/balbieren
 – jmdm. blauen Dunst/ein X für ein U vormachen
 – einen vom Pferd/Wald erzählen
 – einen Türken bauen

 lügen + Intensivierung:
 – das Blaue vom Himmel herunter lügen
 – jmdm. die Hucke/die Jacke voll lügen
 – lügen, dass sich die Balken biegen
 – lügen wie gedruckt

Abb. 11 gibt einen Überblick über die Häufigkeit des Vorkommens von Kollokationen und Idiomen in den 5 Großgruppen der Sprechaktverben:

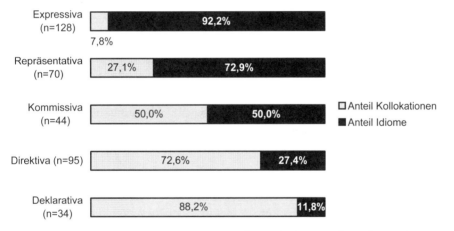

Abb. 11: Anteil von Kollokationen und Idiomen in den 5 Großparadigmen der Sprechaktverben

Die Beobachtungen zur Verteilung von Kollokationen und Idiomen in den 5 Großparadigmen der Sprechaktverben können nun in Verbindung gebracht werden mit einigen Thesen, die in der Literatur zur Phraseologie vielfach geäußert worden sind:

– Auf die Paradigmen der Sprechaktverben scheint die These, dass mit Idiomen Sprechereinstellungen zum Ausdruck gebracht würden, zuzutreffen. Tatsächlich kommen Idiome nur äußerst selten in den Paradigmen

derjenigen Sprechaktverben vor, die keine Sprechereinstellungen lexikalisieren. Zu diesen Paradigmen zählen vor allem die der Deklarativa sowie die derjeniger Expressiva, die zur Bezugnahme auf gesellschaftliche
Konventionen oder Rituale verwendet werden. Kollokationen kommen in
diesen Paradigmen sehr viel häufiger vor als Idiome. Proportional sind
sie in den Paradigmen deklarativer Verben sogar am stärksten vertreten.

– Idiome lexikalisieren nicht alle möglichen Arten von Sprechereinstellungen. Die geringe Anzahl an Idiomen, die die Paradigmen der Direktiva
   aufweisen, zeigt, dass auf Sprechereinstellungen, die eine zukünftige
   Handlung von H betreffen, eher nicht mit Idiomen, wohl aber mit Kollokationen Bezug genommen wird. Umgekehrt wird auf die Einstellungen
   eines Sprechers, der eine negative Bewertung einer vergangenen Handlung oder einer Eigenschaft eines Hörers zum Ausdruck bringt, sehr häufig mit Idiomen, aber kaum mit Kollokationen Bezug genommen. Ähnliches gilt für die Einstellungen eines Diskurssituationssprechers, der das
   Eigenlob eines Rekurssituationssprechers für unangemessen hält und
   dieses somit negativ bewertet. Die Behauptung, dass mit Idiomen negative Bewertungen zum Ausdruck gebracht würden, trifft auf den Wortschatzausschnitt der Sprechaktverben also durchaus zu. (Zur Häufigkeit
   von Idiomen in Paradigmen negativer-bewertender Ausdrücke, vgl. z.B.
   Fleischer 1997, S. 179; Burger 1998, S. 79). Allerdings muss diese Behauptung aus den folgenden Gründen präzisiert und abgeschwächt werden:

   – Nicht alle Arten negativer Bewertungen sind gleichermaßen mit Idio-
      men lexikalisiert: In den Paradigmen der negativ-bewertenden Ex-
      pressiva vom Typ 'meckern', 'tadeln' oder 'beschönigen' kommen sie
      beispielsweise viel seltener vor als in denen von Typ 'zurechtweisen',
      'diffamieren' und 'angeben'.

   – Obwohl Idiome sich besonders in einigen Paradigmen negativ-
      bewertender Expressiva häufen, handelt es sich bei den Bewertungen,
      die diese Idiome lexikalisieren, nicht um idiomspezifische Bewertun-
      gen, sondern um solche, die auch mit entsprechenden Verben wie
      vorwerfen, vorhalten, zurechtweisen, diffamieren, verleumden, ange-
      ben, prahlen usw. ausgedrückt werden. Die mit diesen Verben syn-
      onymen Idiome lexikalisieren keinerlei Sprechereinstellungen, die
      nicht auch Teil der Bedeutung der entsprechenden Verben wären.

– Zur Bezugnahme auf Situationen, in denen negative Bewertungen ausgedrückt werden, stehen nicht nur mehr komplexe, sondern auch mehr einfache lexikalische Ausdrücke zur Verfügung als für solche, in denen positive Bewertungen ausgedrückt werden. In den Anhäufungen idiomatischer Ausdrücke in einigen Paradigmen negativ-bewertender Verben, zeigt sich also keine idiomspezifische Eigenschaft, sondern eine Tendenz, die den ganze Wortzschatzausschnitt oder vielleicht sogar das Lexikon im Allgemeinen betrifft. Als Erklärung dieser Tendenz kommt die Markiertheit der Verhaltensweisen in Frage, auf die mit positiv-bewertenden bzw. mit negativ-bewertenden Ausdrücken Bezug genommen wird: Verhalten, das der Norm entspricht, gilt als unmarkiert bzw. wird als positiv bewertet; solches, das von der Norm abweicht, gilt als markiert bzw. wird als negativ bewertet. Zur Bezugnahme auf die markierten Verhaltensweisen stehen mehr lexikalische Ausdrücke zur Verfügung als zur Bezugnahme auf die unmarkierten (vgl. Proost 2001, S. 125).

Das Verfahren der Zuordnung komplexer Lexikalisierungen zu den Paradigmen der Sprechakt- und Kommunikationsverben zeigt nicht nur, wie viele Idiome und Kollokationen in den jeweiligen Verbparadigmen vorkommen und an welchen Stellen des Wortschatzbereichs sie sich besonders häufen; mit dem gleichen Verfahren können auch solche komplexen kommunikativen Ausdrücke systematisch erfasst werden, zu denen es zwar auf der konzeptuellen, nicht aber auf der lexikalischen Ebene der Bedeutung einfache Synonyme gibt. Die komplexen Lexikalisierungen, die an diesen Stellen des Wortschatzbereichs vorkommen, können als Füller der Lücken im Bestand der Sprechakt- und Kommunikationsverben betrachtet werden. Bevor ich auf die Funktion der komplexen Lexikalisierungen eingehe, die keinem der Paradigmen der Sprechakt- und Kommunikationsverben zugeordnet werden können, werde ich nun die Ausgangsfrage dieses Beitrags aufgreifen: Sind komplexe Lexikalisierungen Lückenfülller?

b)   komplexe Lexikalisierungen als Lückenfüller

In den Paradigmen der Sprechakt- und Kommunikationsverben kommen einige Beispiele komplexer Lexikalisierungen vor, deren lexikalische Bedeutung sich von der der zum gleichen Paradigma gehörenden Verben unterscheidet. Mit den Verben des gleichen Paradigmas sind diese komplexen

Lexikalisierungen nur insofern synonym, als mit ihnen auf die gleichen Situationen Bezug genommen wird. Auf der lexikalischen Ebene gibt es für diese komplexen Lexikalisierungen keine synonymen Verben. Solche komplexen Lexikalisierungen füllen Lücken in der entsprechenden Verbgruppe. Als Lückenfüller kommen die folgenden Idiome in Betracht:

(31a) – den Faden verlieren
       – vom Hölzchen aufs Stöckchen/vom Hundertsten ins Tausendste kommen
       – sich ins Uferlose/ins Weite verlieren

(31b) sich (gegenseitig) die Bälle zuwerfen/zuspielen

(31c) eine feuchte Aussprache haben

(31d) sich an/bei etwas die Zunge abbrechen/zerbrechen

den Faden verlieren, vom Hölzchen aufs Stöckchen/vom Hundertsten ins Tausendste kommen und *sich ins Uferlose/ins Weite verlieren* können dem Paradigma der Kommunikationsverben zugeordnet werden, mit denen auf Situationen Bezug genommen wird, in denen ein Sprecher durch seine Äußerung die Gestaltung des Gesprächs oder die Behandlung des Gesprächsthemas beeinflussen will. Zu diesem Paradigma gehören Verben wie *andeuten, erwähnen, aufgreifen, anmerken, hervorheben* usw. sowie Idiome und Kollokationen, die als Synonyme zu diesen Verben verwendet werden können. Obwohl die Idiome in (31a) zur Bezugnahme auf die gleichen Situationen verwendet werden, auf die auch mit Verben wie *andeuten, aufgreifen* usw. Bezug genommen wird, gibt es kein Verb, dessen Bedeutung sich vollständig mit der der Idiome in (31a) deckt. Als Synonym zu den Idiomen in (31a) käme allenfalls *abschweifen* in Frage, das Folgendes bedeutet: 'im Verlauf eines Vortrags oder Gesprächs vorübergehend etwas äußern, was sich nicht auf ein aktuell behandeltes Thema bezieht'. Die Idiome in (31a) bedeuten aber 'sich im Verlauf eines Vortrags oder Gesprächs immer weiter vom Thema entfernen' und können somit nicht als Synonyme zu *abschweifen* verwendet werden. Als Synonym zu *abschweifen* kann nur die Kollokation *vom Thema abkommen/abweichen* verwendet werden. Da es keine Verben gibt, deren Bedeutung mit der der Idiome in (31a) identisch wäre, können diese Idiome als Füller einer Lücke im Bestand der Kommunikationsverben betrachtet werden, mit denen auf die Gestaltung eines Gesprächs oder die Behandlung eines Themas Bezug genommen wird.

Das Idiom *sich (gegenseitig) die Bälle zuwerfen/zuspielen* in (31b) bedeutet 'sich durch Fragen oder Bemerkungen im Gespräch verständigen' und gehört zur Gruppe der kommunikativen Ausdrücke, mit denen auf Situationen Bezug genommen wird, in denen ein oder mehrere Sprecher mit einem oder mehreren Hörern einen Diskurs führen. Zu dieser Gruppe gehören Verben wie *besprechen, debattieren, diskutieren, sich streiten* und *sich unterhalten* sowie einfache und komplexe Lexikalisierungen, die als Synonyme zu diesen Verben verwendet werden können. Da keines der zu diesem Paradigma gehörenden Verben die gleiche Bedeutung wie das Idiom in (31b) hat, füllt das Idiom eine Lücke in der entsprechenden Verbgruppe.

Mit den Idiomen in (31c) und (31d) wird auf Situationen Bezug genommen, in denen ein Sprecher etwas mit einer bestimmten Artikulation äußert. *eine feuchte Aussprache* haben bedeutet 'beim Sprechen ungewollt spucken' und *sich an/bei etwas die Zunge abbrechen/zerbrechen* hat die Bedeutung 'etwas mühevoll aussprechen'. Mit Verben wie *lispeln, murmeln, näseln, nuscheln* und *zischen* wird ebenfalls auf eine bestimmte Artikulationsweise Bezug genommen. Dennoch hat keines dieser Verben die gleiche lexikalische Bedeutung wie die Idiome in (31c) und (31d), die somit Lücken im Inventar der Kommunikationsverben füllen, mit denen auf eine bestimmte Artikulationsweise Bezug genommen wird.

Als Füller von Lücken im Bestand der Sprechakt- und Kommunikationsverben kommen weiterhin solche Idiome in Frage, die Intensitätsgrade lexikalisieren, die nicht mit Verben ausgedrückt werden können. Die Idiome in (32) sind Beispiele solcher Lückenfüller:

(32a) – das Blaue vom Himmel herunter lügen
         – jmdm. die Hucke/die Jacke voll lügen
         – lügen, dass sich die Balken biegen
         – lügen wie gedruckt

(32b) – jmdn. über den grünen Klee loben
         – sich in Lobreden ergehen
         – jmdn./etw. in den höchsten Tönen loben

(32c) – aus voller Lunge schreien
         – schreien wie am Spieß/wie ein gestochenes Schwein/wie eine angestochene Sau

Ein Sprecher, der die Idiome in (32a) zur Bezugnahme auf die Äußerung eines Rekurssituationssprechers verwendet, der P nicht für wahr hält, aber mit seiner Äußerung bewirken will, dass H erkennt, dass S P für wahr hält, gibt durch seine Wahl dieser Ausdrücke zu verstehen, dass er den Rekurssituationssprecher für besonders unaufrichtig hält. Für die Idiome in (32a) gibt es keine monolexikalischen Synonyme wie etwa *dreistlügen* oder *mieslügen*. Insofern können die Idiome in (31a) als Füller einer Lücke im *lügen*-Paradigma betrachtet werden.

Ähnliches gilt für die Idiome in (32b) und (32c), die 'jmdn. sehr loben' bzw. 'sehr laut schreien' bedeuten. Da es keine monolexikalischen Ausdrücke mit entsprechender Bedeutung gibt, füllen die Idiome in (32b) und (32c) Lücken im *loben*-Paradigma bzw. in dem der Kommunikationsverben, die eine bestimmte Modalität des Äußerns (hier Lautstärke) lexikalisieren. Das Korpus enthält 19 Idiome, die derartige Lücken füllen; 16 von ihnen sind teilidiomatische Ausdrücke. Wie die Idiome in (31) können diese intensivierenden Ausdrücke als Füller von Lücken in den Paradigmen der Sprechakt- und Kommunikationsverben betrachtet werden. Das Korpus enthält 25 Lückenfüller dieser Art. Diese repräsentieren nur 3,7% der 676 berücksichtigten komplexen Lexikalisierungen und können somit als Ausnahmefälle betrachtet werden.

Angesichts dieser Zahlen kann die Frage, ob komplexe Lexikalisierungen Lückenfüller sind, nun folgendermaßen beantwortet werden: Komplexe Lexikalisierungen füllen nur selten Lücken in den Paradigmen der Sprechakt- und Kommunikationsverben. Die Verbfelder, die in dieser Untersuchung berücksichtigt wurden, decken den ganzen Wortschatzausschnitt der Sprechaktverben und den größten Teil der Kommunikationsverben ab. Die Beobachtung, dass komplexe kommunikative Ausdrücke nur selten Lücken in den Paradigmen der Sprechakt- und Kommunikationsverben füllen, legt daher den Schluss nahe, dass komplexe kommunikative Ausdrücke eher selten als Füller von Lücken im Bestand der Sprechakt- und Kommunikationsverben auftreten.

Ob komplexe kommunikative Ausdrücke auch zur Bezugnahme auf andere Situationen verwendet werden als die, auf die mit Sprechakt- und Kommunikationsverben Bezug genommen wird, ist damit allerdings noch nicht geklärt: Die Lücken, die innerhalb der Paradigmen der Sprechakt- und Kommunikationsverben beobachtet wurden, sind Lücken auf der lexikalischen

Ebene der Bedeutung; Lücken auf der konzeptuellen Ebene zeigen sich nicht innerhalb der Verbparadigmen. Dass komplexe kommunikative Ausdrücke zumindest teilweise andere kommunikative Konzepte lexikalisieren als Sprechakt- und Kommunikationsverben, zeigt sich darin, dass das Korpus zahlreiche komplexe Lexikalisierungen enthält, die keinem der Paradigmen der Sprechakt- und Kommunikationsverben zugeordnet werden können. Obwohl solche komplexen kommunikativen Ausdrücke keine Lücken im Bestand der Sprechakt- und Kommunikationsverben füllen, können sie doch deswegen als Lückenfüller betrachtet werden, weil sie kommunikative Konzepte lexikalisieren, für die es keine monolexikalischen Alternativen gibt.

4.3 Komplexe Lexikalisierungen außerhalb der Paradigmen einfacher kommunikativer Ausdrücke

Zieht man von der Gesamtzahl der 676 komplexen Lexikalisierungen, die bei dieser Untersuchung berücksichtigt wurden, diejenigen ab, die den Paradigmen der Sprechakt- und Kommunikationsverben zugeordnet werden können, bleiben 235 komplexe lexikalische Ausdrücke übrig, die nicht als Synonyme einfacher kommunikativer Ausdrücke verwendet werden können. Diese repräsentieren immerhin 34,8% der Gesamtzahl der berücksichtigten komplexen kommunikativen Ausdrücke. 164 von diesen (69,9%) sind vollidiomatische Ausdrücke, 52 von ihnen (22,1%) sind teilidiomatische Ausdrücke und 19 (8,0%) sind Kollokationen (vgl. Abb. 12):

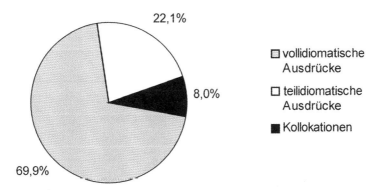

Abb. 12: Anteil komplexer Lexikalisierungen außerhalb der Paradigmen der Sprechakt- und Kommunikationsverben (Kollokationen, teilidiomatische und vollidiomatische Ausdrücke)

Diese Zahlen belegen, dass es eine beträchtliche Anzahl komplexer Lexikalisierungen gibt, deren Bedeutung nicht oder nicht vollständig mit dem be-
grifflichen Inventar dargestellt werden kann, das sich für die Beschreibung
der Bedeutung von Sprechakt- und Kommunikationsverben als hinreichend
erwiesen hat. Dies gilt vor allem für Idiome; für Kollokationen lassen sich
meist monolexikalische Synonyme finden (vgl. Abschnitt 4.1). Innerhalb der
Gruppe der komplexen Lexikalisierungen, für die es keine monolexikalischen Synonyme gibt, können drei Typen unterschieden werden, die unterschiedliche Funktionen im Lexikalisierungsraum kommunikativer Konzepte
erfüllen: Komplexe Lexikalisierungen, die die Bedeutung von Sprechakt-
und Kommunikationsverben expandieren; solche, die hybride Paradigmen
kommunikativer Ausdrücke konstituieren und solche, die völlig neue Felder kommunikativer Ausdrücke eröffnen.

4.3.1   Komplexe kommunikative Ausdrücke, die die Bedeutung
            von Sprechakt- und Kommunikationsverben expandieren

Zur Beschreibung der Bedeutung mancher komplexer Lexikalisierungen
lassen sich entsprechende Sprechakt- und Kommunikationsverben finden,
die aber die Bedeutung dieser komplexen Lexikalisierungen nur unvollständig wiedergeben. Die Bedeutung solcher komplexen Lexikalisierungen enthält nicht nur Komponenten, die auch Teil der Bedeutung entsprechender
Sprechakt- und Kommunikationsverben sind, sondern auch solche, die über
die Bedeutung dieser Verben hinausgehen. Idiome und Kollokationen, deren
Bedeutung solche zusätzlichen Komponenten enthält, expandieren die Bedeutung bestimmter Sprechakt- und Kommunikationsverben. Beispiele sind
die Idiome in (33), deren Bedeutung sich nur teilweise mit der von Verben
wie *mitteilen* deckt:

(33a) – jmdm. einen Floh ins Ohr setzen
       – jmdm. den Mund wässrig machen
       – jmdm. den Zahn ziehen

(33b) – seinem Herzen Luft machen
       – jmdm. eine bittere Pille zu schlucken geben
       – die alte Platte laufen lassen/spielen

(33c) – jmdm. etw. auf den Kopf zusagen
       – etwas auf den Tisch des Hauses legen

Obwohl die Bedeutung der Idiome in (33) alle Elemente enthält, die auch Teil der Bedeutung von *mitteilen* sind, ist die Bedeutung dieser Idiome komplexer als die von *mitteilen*: Die Bedeutung der Idiome enthält Komponenten, die nicht in der von *mitteilen* oder anderen bedeutungsähnlichen Informationsverben wie *informieren* und *sagen* enthalten sind. Die Ausdrücke in (33a) werden beispielsweise zur Bezugnahme auf Akte des Mitteilens verwendet, mit denen ein Sprecher einen bestimmten psychischen Zustand beim Hörer auslöst. Mit *jmdm. einen Floh ins Ohr setzen* und *jmdm. den Mund wässrig* machen wird auf Akte des Mitteilens Bezug genommen, mit denen der Sprecher bewirkt, dass der Hörer einen bestimmten Wunsch hat. *jmdm. einen Floh ins Ohr setzen* lexikalisiert darüber hinaus eine Bewertung durch den Diskurssituationssprecher: Ein Sprecher, der die Äußerung eines Rekurssprechers mit dem Idiom *jmdm. einen Floh ins Ohr setzen* charakterisiert, bringt durch seine Wahl dieses Idioms zum Ausdruck, dass er den Wunsch, den der Bezugssituationssprecher durch seine Äußerung beim Hörer weckt, für unerfüllbar hält. Mit dem Idiom *jmdm. den Mund wässrig machen* wird keine solche Bewertung zum Ausdruck gebracht. *jmdm. den Zahn ziehen* wird zur Bezugnahme auf Akte des Mitteilens verwendet, deren Resultat darin besteht, dass der Hörer ernüchtert ist. Die Idiome in (33a) lexikalisieren die gleichen Sprechereinstellungen, die auch Teil der Bedeutung von Verben wie *mitteilen* sind, aber sie lexikalisieren darüber hinaus ein bestimmtes Resultat, das nicht in der Bedeutung von Verben wie *mitteilen* enthalten ist. Die mit den Idiomen in (33a) lexikalisierte resultative Komponente ist Teil der lexikalischen Ebene der Bedeutung dieser Ausdrücke. Insofern diese Idiome eine resultative Komponente lexikalisieren, die nicht Teil der Bedeutung von Verben wie *mitteilen* ist, expandieren diese Idiome die Bedeutung dieser Verben.

Die Idiome in (33b) werden zur Bezugnahme auf Mitteilensakte mit einem spezifischen propositionalen Gehalt verwendet. Mit *seinem Herzen Luft machen* wird auf Äußerungen Bezug genommen, mit denen ein Sprecher einem Hörer etwas mitteilt, was ihn bedrückt. Das Idiom *die alte Platte laufen lassen/spielen* und wird zur Bezugnahme auf Äußerungen verwendet, mit denen ein Sprecher einem Hörer Altbekanntes mitteilt. *jmdm. eine bittere Pille zu schlucken geben* lexikalisiert eine Spezifizierung von P als etwas, was unangenehm für den Hörer ist. Die Idiome in (33b) lexikalisieren die gleiche Kombination von Sprechereinstellungen, die auch Teil der Bedeutung von Verben wie *mitteilen* sind, aber darüber hinaus werden mit ihnen Spezifizierungen des propositionalen Gehalts ausgedrückt, die nicht Teil der Bedeutung von *mitteilen* sind. Die Idiome in (33b) expandieren die Bedeutung von Verben wie *mitteilen*, indem sie der Bedeutung dieser Verben andere Komponenten (hier Spezifizierungen des propositionalen Gehalts) hinzufügen. Die Spezifizierung des propositionalen Gehalts, die mit diesen Idiomen lexikalisiert ist, ist Teil der konzeptuellen Ebene der Bedeutung dieser Ausdrücke.

Jmdm. etwas auf den Kopf zusagen in (33c) bedeutet 'jmdm. etwas direkt sagen' und *etwas auf den Tisch des Hauses legen* hat die Bedeutung 'etwas förmlich zur Kenntnis bringen'. Beide Idiome werden zur Bezugnahme auf Äußerungen verwendet, mit denen ein Sprecher einem Hörer etwas in einer bestimmten Weise mitteilt. Eine Modalität des Mitteilens wird mit Verben wie *mitteilen* nicht ausgedrückt. Die Idiome in (33c) expandieren die Bedeutung von Verben wie *mitteilen* dadurch, dass sie den mit *mitteilen* lexikalisierten Komponenten eine weitere (hier eine bestimmte Modalität des Äußerns) hinzufügt. Die mit diesen Idiomen lexikalisierte Modalität des Äußerns ist Teil der konzeptuellen Ebene der Bedeutung dieser Ausdrücke. Abb. 13 zeigt, aus welchen Komponenten sich die Bedeutung der Idiome in (33) bzw. die von Verben wie *mitteilen* zusammensetzt.

Die meisten der komplexen Lexikalisierungen, die nicht als Synonyme zu Sprechakt- und Kommunikationsverben verwendet werden und daher keinem der Verbfelder zugeordnet werden können, sind Idiome, die die Bedeutung von Sprechakt- und Kommunikationsverben expandieren. Von den 235 komplexen lexikalischen Ausdrücken, die keinem der Verbparadigmen zugeordnet werden können, erfüllen 189 (d.h. 80,4%) die Funktion der Erweiterung der Bedeutung entsprechender Verben. Die große Mehrzahl von ihnen (173 aus 189, d.h. 91,5%) sind voll- oder teilidiomatische Ausdrücke; nur 16 dieser 189 komplexen Lexikalisierungen (8,5%) sind Kollokationen. Idiome und Kollokationen, die die Bedeutung von Sprechakt- und Kommunikationsverben erweitern, können als Füller von Lücken im Wortschatzbereich der kommunikativen Ausdrücke betrachtet werden: Komplexe Lexikalisierungen, die hinsichtlich der lexikalischen Ebene ihrer Bedeutung komplexer sind als die Verben, deren Bedeutung sie expandieren, füllen Lücken auf der lexikalischen Ebene der Bedeutung; komplexe Lexikalisierungen, die im Hinblick auf die konzeptuelle Ebene ihrer Bedeutung über die Bedeutung entsprechender Verben hinausgehen, füllen Lücken auf der konzeptuellen Ebene der Bedeutung. Die kommunikativen Konzepte, die mit

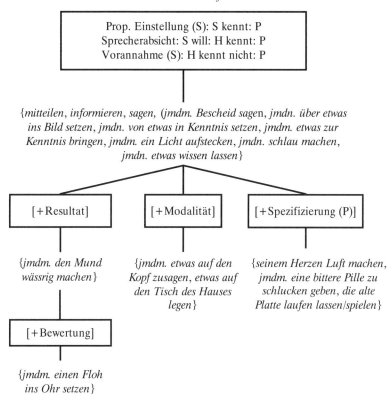

Abb. 13: Komponenten der Bedeutung von *mitteilen* und entsprechenden Idiomen

den Idiomen in (33b) und (33c) lexikalisiert sind, sind beispielsweise komplexer als die, die mit Verben wie *mitteilen, informieren* oder *sagen* lexikalisiert sind. Dennoch kann man aus dieser Beobachtung nicht den Schluss ziehen, dass Idiome (und evtl. auch Kollokationen) Konzepte lexikalisieren, die komplexer sind als die, die mit Wörtern (hier Verben) lexikalisiert sind. Zu einem solchen Schluss kommt z.B. Fellbaum:

> Some idioms pose formal, syntactic problems and express complex concepts that are not expressible by means of the standard lexical and syntactic categories, including those represented in WordNet. Other idioms are formally unremarkable but express concepts that cannot easily be connected to any of the concepts in the semantic network. Perhaps one function of idioms (and one reason for their frequency and their persistence over time) is to provide for the pre-coded lexicalized expression of complex concepts and ideas that do not exist as units in the language and would have to be composed by speakers. (Fellbaum 1996, S. 56f.)

Für den Wortschatzausschnitt der kommunikativen Ausdrücke hat sich diese Schlussfolgerung nicht bestätigt. Obwohl es komplexe kommunikative Ausdrücke gibt, deren Bedeutung tatsächlich komplexer als die entsprechender Verben ist, bedeutet dies keineswegs, dass die Bedeutung dieser Idiome und Kollokationen generell komplexer wäre als die von Sprechakt- und Kommunikationsverben. Komplexer sind diese Idiome und Kollokationen nur im Vergleich zu ganz bestimmten entsprechenden Verben, d.h. Verben, deren Bedeutung Teil der Bedeutung dieser Idiome und Kollokationen ist. Es gibt jedoch genügend Beispiele einfacher kommunikativer Ausdrücke, deren Bedeutung genauso komplex ist wie die von Idiomen, die die Bedeutung bestimmter Verben erweitern. Beispiele solcher einfachen kommunikativen Ausdrücke gibt es auch im *mitteilen*-Paradigma, das außer den bereits erwähnten Verben *mitteilen*, *informieren* und *sagen* auch die Verben *berichten* und *benachrichtigen* enthält. Diese beiden letzten Verben lexikalisieren die gleichen Sprechereinstellungen, die auch mit *mitteilen*, *informieren* und *sagen* lexikalisiert sind. Wie *mitteilen*, *informieren* und *sagen* werden *berichten* und *benachrichtigen* zur Bezugnahme auf Situationen verwendet, in denen ein Sprecher, der P kennt und davon ausgeht, dass H P nicht kennt, mit seiner Äußerung bewirken möchte, dass H P kennt. Diese Kombination von Sprechereinstellungen repräsentiert den konzeptuellen Gehalt, der der Bedeutung von *mitteilen*, *informieren*, *sagen*, *berichten* und *benachrichtigen* gemeinsam ist. Dennoch unterscheiden sich die Situationen, auf die mit *berichten* bzw. mit *benachrichtigen* Bezug genommen wird, in einigen Aspekten von denen, die durch *mitteilen*, *informieren* und *sagen* charakterisiert werden: Sowohl das Verb *berichten* als auch die Kollokation *Bericht geben/erstatten* werden zur Bezugnahme auf Situationen verwendet, in denen ein Sprecher mehrere Äußerungen mit einem propositionalen Gehalt P macht, um zu bewirken, dass H P kennt; *benachrichtigen* lexikalisiert eine Spezifizierung des propositionalen Gehalts als etwas, das den Hörer persönlich angeht. Als Synonyme zu *berichten* können die Verben *erzählen*, *schildern* und *beschreiben* verwendet werden. Diese konzeptuellen Komponenten der Bedeutung von *berichten* bzw. *benachrichtigen* sind nicht Teil der Bedeutung von *mitteilen*, *informieren* und *sagen*. Die Bedeutung von *berichten* und *benachrichtigen* ist somit komplexer als die von *mitteilen*, *informieren* und *sagen* (vgl. Abb. 14):

Sprechaktverben wie *berichten* und *benachrichtigen* expandieren die Bedeutung von Verben wie *mitteilen* genauso wie die Idiome in (33). Der einzige Unterschied besteht darin, dass die Idiome in (33) der Bedeutung von *mittei-*

len andere Komponenten hinzufügen als die Verben *berichten* und *benachrichtigen*. Dennoch handelt es sich bei den Komponenten, mit denen die Idiome in (33) die Bedeutung von *mitteilen* erweitern, nicht um idiomspezifische Komponenten. Die Komponenten, durch die Idiome und Kollokationen die Bedeutung von Sprechakt- und Kommunikationsverben erweitern,

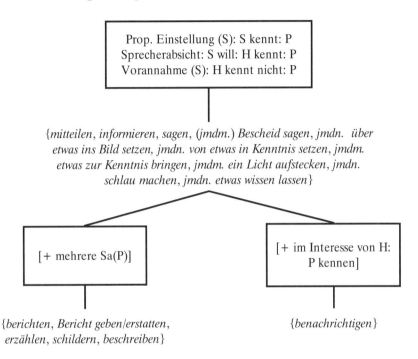

Abb. 14: Bedeutung von *mitteilen, informieren, sagen* vs. *berichten* und *benachrichtigen*

können zu einigen wenigen Kategorien zusammengefasst werden: [Spezifierung von P], [Modalität], [Resultat], [Iterativität] und [Bewertung]. Komponenten dieser Art spielen nicht nur bei der Beschreibung der Bedeutung von komplexen kommunikativen Ausdrücken eine Rolle, sondern sind auch für die Semantik vieler Sprechakt- und Kommunikationsverben relevant. Idiomspezifisch sind nur bestimmte Kombinationen von Verbbedeutung und spezifischen Bedeutungsmerkmalen. So gibt es beispielsweise kein Verb, das eine Kombination der Bedeutung von *mitteilen* mit einer zusätzlichen lexikalischen Komponente [+Resultat: H ernüchtert] lexikalisiert. Zur Bezugnahme auf die entsprechende Situation steht nur das Idiom *jmdm. den Zahn zie-*

hen zur Verfügung. Insofern die Bedeutung der Idiome in (33) über die Bedeutung entsprechender Verben hinausgeht und es keine monolexikalischen Pendants für diese Idiome gibt, füllen diese Idiome Lücken im Wortschatzausschnitt der kommunikativen Ausdrücke.

4.3.2 Komplexe Lexikalisierungen, die hybride Paradigmen kommunikativer Ausdrücke konstituieren

Eine geringe Anzahl der 235 komplexen Lexikalisierungen, die keinem der Paradigmen der Sprechakt- und Kommunikationsverben zugeordnet werden können, lexikalisieren Kombinationen von Sprechereinstellungen, die Elemente unterschiedlicher Rekurssituationstypen sind. Beispiele sind die Idiome in (34):

(34a) ein/sein Garn spinnen

(34b) sich mit fremden Federn schmücken

(34c) die Werbetrommel (für etwas) schlagen/rühren

Das Idiom *ein/sein Garn spinnen* in (34a) bedeutet 'unwahre Geschichten erzählen' und lexikalisiert sowohl Sprechereinstellungen, die Teil der Bedeutung von *erzählen* sind, als auch solche, die mit Verben wie *schwindeln* lexikalisiert sind: Mit *ein/sein Garn spinnen* wird auf Situationen Bezug genommen, in denen ein Sprecher, der P nicht für wahr hält, mehrere Sa(P) äußert, um zu bewirken, dass H erkennt, dass S P für wahr hält. Dabei geht S davon aus, dass H P nicht kennt. Die propositionale Einstellung 'S hält nicht für wahr: P' und die Sprecherabsicht 'S will: H erkennt: S hält für wahr: P', die mit *ein/sein Garn spinnen* lexikalisiert sind, sind auch Teil der Bedeutung von *schwindeln*. Die Komponente 'mehrere Sa(P)' wird von *erzählen* auf *ein/sein Garn spinnen* vererbt. Wie *schwindeln* und *erzählen* lexikalisiert auch *ein/sein Garn spinnen* die Vorannahme des Sprechers, dass H P nicht kennt (vgl. Abb. 15):

Das Idiom *sich mit fremden Federn schmücken* in (34b) bedeutet 'die Verdienste anderer für die eigenen ausgeben' und lexikalisiert einerseits die propositionale Einstellung 'S findet: P gut', die Sprecherabsicht 'S will: H erkennt: S findet: P gut' bzw. 'S will: H findet: P gut' und die Vorannahme des Sprechers, dass P der Fall ist. Diese Sprechereinstellungen sind auch mit Expressiva vom Typ 'angeben' lexikalisiert. Andererseits lexikalisiert *sich mit fremden Federn schmücken* auch Sprechereinstellungen, die Teil der

Bedeutung von Repräsentativa wie *lügen* sind. Wie *lügen* lexikalisiert *sich mit fremden Federn schmücken* die propositionale Einstellung 'S hält nicht für wahr: P' (wobei Rb(P) = S), die Sprecherabsicht 'S will: H erkennt: S hält für wahr: P' und die Vorannahme des Sprechers, dass H P nicht kennt (vgl. Abb. 16):

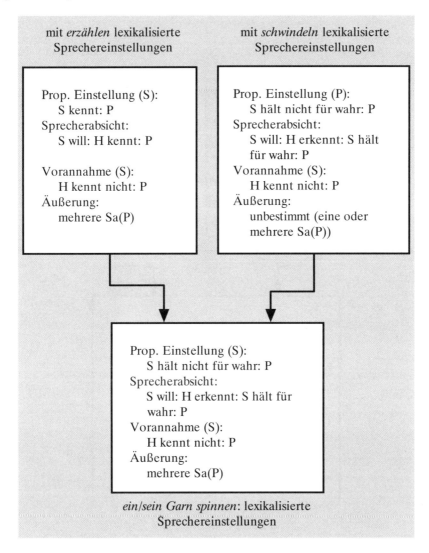

Abb. 15: Konzeptuelle Ebene der Bedeutung von *ein/sein Garn spinnen*

Das Idiom *die Werbetrommel* (*für etwas*) *schlagen/rühren* in (34c) wird zur Bezugnahme auf Situationen verwendet, in denen ein Sprecher, der S gut findet, mehreren Hörern gegenüber überschwänglich eine oder mehrere Sa(P) äußert, um zu bewirken, dass H erkennt, dass S P gut findet. Dabei geht der Sprecher davon aus, dass H P nicht kennt, und dass P der Fall ist.

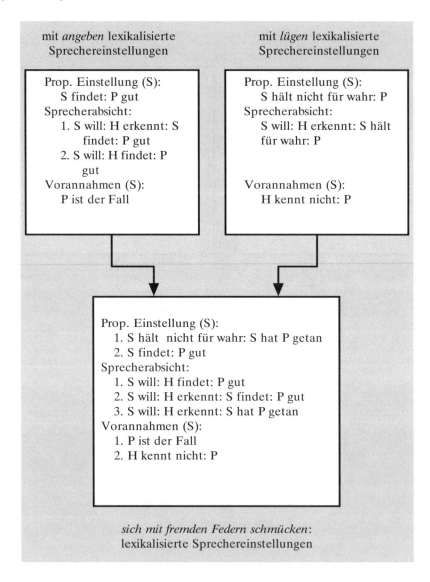

Abb. 16: Konzeptuelle Ebene der Bedeutung von *sich mit fremden Federn schmücken*

Die mit diesem Idiom lexikalisierten Sprechereinstellungen ('S findet P gut'
und 'S will: H erkennt: S findet: P gut'), die Vorannahme des Sprechers,
dass P der Fall ist, und die Modalität des Äußerns (hier 'überschwänglich')
sind Elemente der Situation, auf die mit Verben wie *preisen* Bezug genommen wird. Von *verbreiten* erbt *die Werbetrommel (für etwas) schla-
gen/rühren* außerdem die Komponente 'an mehrere Hörer gerichtet' sowie
die Vorannahme des Sprechers, dass H P nicht kennt (vgl. Abb. 17):

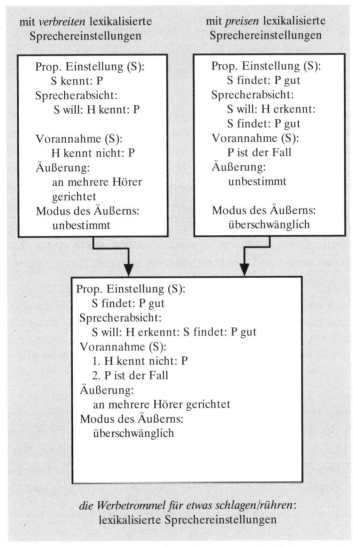

mit *verbreiten* lexikalisierte   mit *preisen* lexikalisierte
Sprechereinstellungen   Sprechereinstellungen

Prop. Einstellung (S):   Prop. Einstellung (S):
  S kennt: P   S findet: P gut
Sprecherabsicht: Sprecherabsicht:
  S will: H kennt: P   S will: H erkennt:
                              S findet: P gut

Vorannahme (S):   Vorannahme (S):
  H kennt nicht: P   P ist der Fall
Äußerung: Äußerung:
  an mehrere Hörer   unbestimmt
  gerichtet
Modus des Äußerns: Modus des Äußerns:
  unbestimmt   überschwänglich

Prop. Einstellung (S):
  S findet: P gut
Sprecherabsicht:
  S will: H erkennt: S findet: P gut
Vorannahme (S):
  1. H kennt nicht: P
  2. P ist der Fall
Äußerung:
  an mehrere Hörer gerichtet
Modus des Äußerns:
  überschwänglich

die Werbetrommel für etwas schlagen/rühren:
lexikalisierte Sprechereinstellungen

Abb. 17: Konzeptuelle Ebene der Bedeutung von *die Werbetrommel*
      (für etwas) schlagen/rühren

Komplexe kommunikative Ausdrücke, die Kombinationen von Elementen unterschiedlicher Rekurssituationstypen lexikalisieren, sind eher selten. Das Korpus enthält nur 20 Ausdrücke dieser Art. Diese repräsentieren nur 2,9% der Gesamtzahl der 676 berücksichtigten komplexen Lexikalisierungen und 8,5% der komplexen kommunikativen Ausdrücke, die keinem der Paradigmen der Sprechakt- und Kommunikationsverben zugeordnet werden können. 19 der 20 komplexen kommunikativen Ausdrücke, die hybride Paradigmen konstituieren, sind voll- oder teilidiomatische Ausdrücke; Kollokationen erfüllen die Funktion der Etablierung hybrider Paradigmen so gut wie nie. Diese Zahlen zeigen, dass die Etablierung hybrider Paradigmen nicht generell als eine wichtige Funktion komplexer kommunikativer Ausdrücke angesehen werden kann.

Außerdem lexikalisieren nicht nur komplexe, sondern auch einige einfache kommunikative Ausdrücke Elemente unterschiedlicher Rekurssituationstypen. Als monolexikalische Ausdrücke, die hybride Paradigmen konstituieren, kommen vor allem *warnen* und *unken* in Frage. Auf die nicht-eindeutigen Zuordnungsmöglichkeiten von *warnen* haben bereits Searle und Vanderveken hingewiesen, nach denen *warnen* entweder als ein repräsentatives oder als ein direktives Prädikat eingeordnet werden: Man kann jemanden warnen, dass etwas der Fall ist, und man kann jemanden warnen, etwas zu tun. Dabei handelt es sich laut Searle und Vanderveken nicht um unabhängige Verwendungsweisen von *warnen*:

> When I warn you that something is the case I am normally warning you that it is the case with a view to getting you to do something about it ... On the other hand, when I warn you to do something, I would normally be asking you to do it (directive) while implying that if you do not do it, it would be bad for you (assertive), ... (Searle/Vanderveken 1985, S. 202f.)

Obwohl Searle und Vanderveken hier von unterschiedlichen Verwendungsweisen („two uses") von *warn* reden, läuft ihre Zuordnung von *warn* zum Paradigma der Repräsentativa einerseits und dem der Direktiva andererseits auf die Annahme hinaus, dass *warn* (bzw. *warnen*) polysem ist. Nach Searle und Vanderveken hat *warn* (bzw. *warnen*) sowohl eine repräsentative als auch eine direktive Lesart, wobei diese voneinander abhängig sind.

Im Unterschied zu Searle und Vanderveken erklärt Verschueren die nicht-eindeutigen Zuordungsmöglichkeiten von *warnen* damit, dass Repräsentativa, Direktiva und Kommissiva ein Kontinuum bilden würden, auf dem Sprechaktverben lokalisierbar und miteinander verkettet seien. *warnen* (bzw.

warn) nehme auf diesem Kontinuum eine Stelle zwischen der von Repräsentativa wie *ankündigen* und *hinweisen* und der von Direktiva wie *befehlen* und *auffordern* ein (vgl. Verschueren 1980, S. 35f.). Abb. 18 stellt den relevanten Ausschnitt dieses Kontinuums dar:

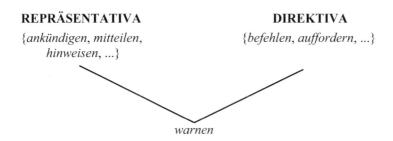

REPRÄSENTATIVA
{*ankündigen, mitteilen, hinweisen, ...*}

DIREKTIVA
{*befehlen, auffordern, ...*}

warnen

Abb. 18: Stelle von *warnen* auf dem Kontinuum von Repräsentativa, Direktiva und Kommissiva (nach Verschueren 1980, S. 36)

Harras erklärt die Verkettungsstruktur von *ankündigen, mitteilen, hinweisen, warnen, befehlen* und *auffordern* vor dem Hintergrund eines Ansatzes von Sweetser/Lakoff, bei dem von einer Maxime der Hilfsbereitschaft ausgegangen wird („Sprecher helfen sich gegenseitig"), der vier ICMs („Idealised Cognitive Models") des gerechtfertigten Glaubens untergeordnet sind (vgl. Sweetser/Lakoff zitiert in Lakoff 1990, S. 71-74). Nach Harras kann die Verkettung von *warnen* mit Verben wie *mitteilen* einerseits und solchen wie *auffordern* andererseits unter Berücksichtigung der Maxime der Hilfsbereitschaft und der ihr untergeordneten ICMs folgendermaßen begründet werden:

(1) Wenn ein Sprecher sagt, dass P und sich dabei an die Maxime der Hilfsbereitschaft hält, dann will er auch, dass sein Hörer seinen Glauben, dass P, übernimmt (zumindest unternimmt er nichts, was ihn davon abhalten könnte)

(2) Wenn ein Sprecher will, dass der Hörer P glaubt, dann will er auch, dass der Hörer sich diesem Glauben entsprechend verhält (zumindest unternimmt er nichts, was den Hörer davon abhalten könnte)

Daraus folgt:

(3) Wenn der Sprecher sagt, dass P, und wenn P etwas Negatives, eine Gefahr für den Hörer darstellt, dann will der Sprecher, dass sich der Hörer diesem Glauben entsprechend verhält, d.h. er will, dass der Hörer die negativen Folgen in irgendeiner Weise verhindert (zumindest unternimmt er nichts, was den Hörer davon abhalten könnte)

Und daraus folgt dann auch:

(4) Wenn der Sprecher sagt, dass P und P negativ für den Hörer ist, dann fordert der Sprecher den Hörer dazu auf, etwas zu tun, um das Eintreten von P bzw. die negativen Folgen, die sich erwartbar aus P ergeben könnten, zu verhindern.

(Harras 1993, S. 84f.)

Eine solche Erklärung der Verkettung von *warnen* mit Verben wie *mitteilen* einerseits und solchen wie *auffordern* andererseits läuft im Wesentlichen auf die Annahme hinaus, dass der direktive illokutionäre Zweck, auf den mit *warnen* Bezug genommen wird, schrittweise aus dem repräsentativen abgeleitet werden kann. Der repräsentative illokutionäre Zweck ist also primär; im Unterschied zum direktiven illokutionären Zweck gehört er zur lexikalischen Bedeutung von *warnen*. Dass nur der repräsentative, und nicht der direktive illokutionäre Zweck Teil der lexikalischen Bedeutung von *warnen* ist, kann mit dem Unterschied zwischen dem Gesagten und dem Gemeinten (oder Implikatierten) begründet werden (vgl. dazu Grice 1975). Mit *warnen* wird auf Situationen Bezug genommen, in denen ein Sprecher einem Hörer gegenüber äußert, dass er die Folgen eines zukünftigen erwartbaren P als negativ für den Hörer einschätzt. Ein Sprecher, der einen Hörer warnt, macht somit eine Ankündigung besonderer Art. Dass der Sprecher den Hörer mit seiner Ankündigung zugleich auffordert, etwas zu tun, um das Eintreten von P oder dessen negativen Folgen zu verhindern, ergibt sich aus der Ankündigung eines negativ bewerteten P. Geäußert wurde die Aufforderung jedoch nicht; sie wurde vielmehr durch die Ankündigung eines zukünftigen negativ bewerteten P implikatiert. Dementsprechend gehört nur die Absicht des Sprechers, dass H seinen Glauben, dass P, übernimmt, zur lexikalischen Bedeutung von *warnen*. Die Absicht des Sprechers, dass H etwas tun soll, um das Eintreten von P bzw. dessen negativen Folgen zu verhindern, ist aber nicht Teil der lexikalischen Bedeutung von *warnen*, sondern hat vielmehr den Status einer generalisierten konversationalen Implikatur im Sinne Levinsons (vgl. Levinson 2001). Dies bedeutet, dass *warnen* nicht polysem ist: *warnen* hat nur eine, nämlich eine repräsentative Lesart; der direktive illokutionäre Zweck ergibt sich als eine generalisierte konversationale Implikatur aus der lexikalischen Bedeutung von *warnen* als Repräsentativ. Dies bedeutet aber auch, dass *warnen* kein hybrides Paradigma konstituiert: *warnen* lexikalisiert die für die Gruppe der Repräsentative charakteristischen Sprechereinstellungen; seine Bedeutung enthält keinerlei Komponenten, die Teil der Bedeutung von Sprechaktverben anderer Paradigmen wären.

Nachdem gezeigt wurde, dass *warnen* kein hybrides Paradigma konstituiert, sondern vielmehr als Ankündigung eines negativ bewerteten P, d.h. als Repräsentativ anzusehen ist, kommt allenfalls noch *unken* als Beispiel eines einfachen lexikalischen Ausdrucks in Frage, dessen Bedeutung als eine Kombination von Elementen unterschiedlicher Rekurssituationstypen dargestellt werden kann. *unken* lexikalisiert einerseits Ausprägungen von Eigenschaften des propositionalen Gehalts sowie Sprechereinstellungen, die Teil der Bedeutung von zukunftsbezogenen Repräsentativa wie *vorhersagen* sind. Teil der Bedeutung von *unken* sind andererseits auch Sprechereinstellungen, die mit negativ-bewertenden Expressiva vom Typ 'meckern' lexikalisiert sind. *unken* und *meckern* sind die propositionale Einstellung 'S findet: P schlecht' und die Sprecherabsicht 'S will: H erkennt: S findet: P schlecht' gemeinsam. Die mit *unken* lexikalisierten Sprechereinstellungen sind somit komplex: Sie setzen sich aus einer epistemischen und einer evaluativen Komponente zusammen (vgl. Abb. 19). (Synonym zu *unken* kann auch das Idiom *den Teufel an die Wand malen* verwendet werden.)

Die Zusammensetzung der Bedeutung von *unken* zeigt, dass nicht nur komplexe, sondern auch einfache kommunikative Ausdrücke hybride Paradigmen kommunikativer Ausdrücke konstituieren. Im Bestand der Sprechakt- und Kommunikationsverben gibt es allerdings nur sehr wenige Ausdrücke dieser Art. Komplexe kommunikative Ausdrücke erfüllen diese Funktion wesentlich häufiger als Sprechakt- und Kommunikationsverben. Dennoch enthält das Korpus komplexer Lexikalisierungen nur 20 Ausdrücke, die diese Funktion erfüllen. Komplexe Lexikalisierungen, die hybride Paradigmen konstituieren, sind somit als Ausnahme-Erscheinungen zu betrachten.

Insofern die wenigen komplexen Ausdrücke, die hybride Paradigmen bilden, kommunikative Konzepte lexikalisieren, für die gar keine einfachen lexikalischen Ausdrücke zur Verfügung stehen, können sie als Füller von Lücken im Wortschatzausschnitt der kommunikativen Ausdrücke betrachtet werden. Komplexe Lexikalisierungen dieser Art füllen jedoch keine Lücken innerhalb der Paradigmen der Sprechakt- und Kommunikationsverben, sondern in dem Teilbereich des Wortschatzausschnitts, der Ausdrücke enthält, die Eigenschaften zweier unterschiedlicher Verbtypen aufweisen.

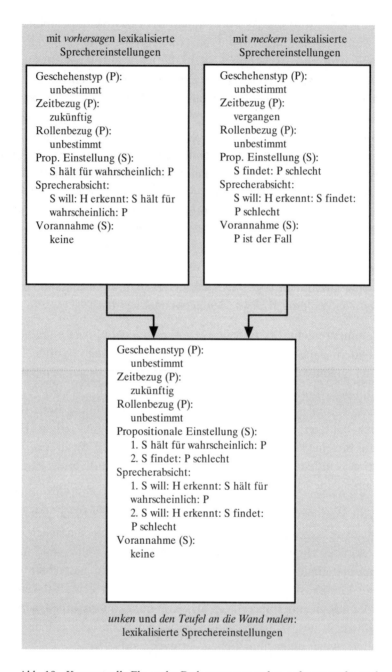

mit *vorhersagen* lexikalisierte
Sprechereinstellungen

mit *meckern* lexikalisierte
Sprechereinstellungen

Geschehenstyp (P):
  unbestimmt
Zeitbezug (P):
  zukünftig
Rollenbezug (P):
  unbestimmt
Prop. Einstellung (S):
  S hält für wahrscheinlich: P
Sprecherabsicht:
  S will: H erkennt: S hält für
  wahrscheinlich: P
Vorannahme (S):
  keine

Geschehenstyp (P):
  unbestimmt
Zeitbezug (P):
  vergangen
Rollenbezug (P):
  unbestimmt
Prop. Einstellung (S):
  S findet: P schlecht
Sprecherabsicht:
  S will: H erkennt: S findet:
  P schlecht
Vorannahme (S):
  P ist der Fall

Geschehenstyp (P):
  unbestimmt
Zeitbezug (P):
  zukünftig
Rollenbezug (P):
  unbestimmt
Propositionale Einstellung (S):
  1. S hält für wahrscheinlich: P
  2. S findet: P schlecht
Sprecherabsicht:
  1. S will: H erkennt: S hält für
  wahrscheinlich: P
  2. S will: H erkennt: S findet:
  P schlecht
Vorannahme (S):
  keine

unken und *den Teufel an die Wand malen*:
lexikalisierte Sprechereinstellungen

Abb. 19: Konzeptuelle Ebene der Bedeutung von *unken*, *schwarz malen* und
den Teufel an die Wand malen

Komplexe Ausdrücke, die hybride Paradigmen konstituieren, lexikalisieren keinerlei Sprechereinstellungen, die nicht auch mit Sprechakt- und Kommunikationsverben lexikalisiert wären. Von den einfachen Lexikalisierungen unterscheiden sich diese komplexen Ausdrücke vielmehr dadurch, dass sie andere Kombinationen von Sprechereinstellungen lexikalisieren. Mit komplexen kommunikativen Ausdrücken, die hybride Paradigmen konstituieren, werden Sprechereinstellungen, die auch Teil der Bedeutung von Sprechakt- und Kommunikationsverben sind, auf eine Weise kombiniert, die bei den Sprechakt- und Kommunikationsverben nicht vorkommt. Dies bedeutet auch, dass die Bedeutung dieser komplexen Lexikalisierungen keineswegs komplexer ist als die von Sprechakt- und Kommunikationsverben. Komplexe Lexikalisierungen, die hybride Paradigmen konstituieren, lexikalisieren nicht mehr oder weniger konzeptuelle Merkmale als Sprechakt- und Kommunikationsverben: Es gibt keinen Unterschied zwischen diesen komplexen Ausdrücken einerseits und Sprechakt- und Kommunikationsverben andererseits hinsichtlich der Komplexität der mit diesen Ausdrücken lexikalisierten Konzepte.

4.3.3 Komplexe Lexikalisierungen, die neue Paradigmen kommunikativer Ausdrücke eröffnen

Eine geringe Anzahl der komplexen Lexikalisierungen, die keinem der Paradigmen der Sprechakt- und Kommunikationsverben zugeordnet werden können, konstituieren neue Paradigmen kommunikativer Ausdrücke. Damit sind Paradigmen gemeint, die kommunikative Ausdrücke enthalten, mit denen teilweise andere Ausprägungen der Eigenschaften der kategorialen Aspekte lexikalisiert sind als die, die Teil der Bedeutung von Sprechakt- und Kommunikationsverben sind. Beispiele sind die Idiome in (35), die insofern als Informationsausdrücke angesehen und dem Paradigma der Repräsentativa zugeordnet werden können, als sie alle die propositionale Einstellung 'S kennt: P' und die Sprecherabsicht 'S will: H kennt: P' lexikalisieren:

(35)   – Farbe bekennen
       – Flagge zeigen
       – die/seine Karten aufdecken/offen auf den Tisch legen
       – Tacheles/Fraktur reden
       – Klartext reden/sprechen
       – Stellung zu etwas nehmen/beziehen
       – jmdm. zeigen, was eine Harke ist
       – eine deutliche Sprache sprechen

Die Idiome in (35) bedeuten alle 'seine Meinung offen und nachdrücklich zu erkennen geben'. Von den anderen Informationsausdrücken unterscheiden sie sich dadurch, dass sie eine Spezifizierung des propositionalen Gehalts lexikalisieren, die weder mit Sprechakt- und Kommunikationsverben noch mit anderen komplexen kommunikativen Ausdrücken lexikalisiert ist. Mit den Idiomen in (35) wird auf Situationen Bezug genommen, in denen ein Sprecher einem Hörer gegenüber seine Meinung zu einem bestimmten Sachverhalt mitteilt. Informationsverben wie *mitteilen, berichten* oder *benachrichtigen* oder Idiome, die die Bedeutung dieser Verben expandieren (*jmdm. den Zahn ziehen, seinem Herzen Luft machen* usw.), lexikalisieren keine solche Spezifizierung von P. Die Spezifizierung von P als die Meinung des Sprechers bzgl. eines bestimmten Sachverhalts ist auch nicht Teil der Bedeutung von einfachen oder komplexen kommunikativen Ausdrücken anderer Großparadigmen. Die Idiome, die diese Spezifizierung von P lexikalisieren, eröffnen daher ein völlig neues Paradigma kommunikativer Ausdrücke.

Auch die Spezifizierung des propositionalen Gehalts, die mit den Idiomen in (36) lexikalisiert ist, ist ein besonderes Merkmal dieser vier Idiome:

(36)   – jmdm. aus dem Herzen sprechen
        – ins gleiche Horn stoßen/tuten/blasen
        – in dieselbe/die gleiche Kerbe hauen/schlagen
        – jmdm. aus der Seele sprechen

Diese Idiome werden zur Bezugnahme auf Situationen verwendet, in denen ein Sprecher einem Hörer seine Meinung bzgl. eines Sachverhalts mitteilt, wobei diese genau der Meinung von H entspricht. Eine Spezifizierung von P als eine Meinung von S, die der Meinung von H genau entspricht, ist weder mit Verben wie *mitteilen, informieren, benachrichtigen* usw. noch mit komplexen Ausdrücken, die die Bedeutung dieser Verben expandieren, lexikalisiert. Da eine solche Spezifizierung von P auch nicht Teil der Bedeutung von kommunikativen Ausdrücken anderer Großparadigmen ist, konstituieren die Idiome in (36) ein neues Paradigma kommunikativer Ausdrücke.

Ein letztes Beispiel eines neuen Paradigmas kommunikativer Ausdrücke ist das, das durch die Idiome in (37) konstituiert wird:

(37)   – jmdn./etw. in eine Reihe mit jmdm./etw. stellen
        – jmdn./etw. auf eine/die gleiche Stufe (mit jmdm./etw.) stellen

Die Idiome in (37) zeigen insofern Ähnlichkeiten mit neutralen Bewertungs-verben wie *einordnen, einstufen, bewerten, urteilen* usw. als sie ordinative Sprechereinstellungen lexikalisieren, d.h. Einstellungen eines Sprechers, der P relativ zu einer bestimmten Norm einstuft. Von Verben wie *urteilen, be-werten* usw. unterscheiden sich die Idiome in (37) dadurch, dass sie eine Bewertung ganz bestimmter Art lexikalisieren: Die Idiome in (37) werden zur Bezugnahme auf Situationen verwendet, in denen ein Sprecher, der x als gleichwertig mit y bewertet, mit seiner Äußerung bewirken möchte, dass H erkennt, dass er x als gleichwertig mit y bewertet. Diese Spezifizierung der Bewertung ist weder mit ordinativen Verben noch mit komplexen Ausdrü-cken, die die Bedeutung ordinativer Verben expandieren (wie z.B. *wie ein blinder von der Farbe reden*) lexikalisiert. Die Idiome in (37) eröffnen somit eine neues Paradigma kommunikativer Ausdrücke.

Von den 676 komplexen kommunikativen Ausdrücken, die die empirische Basis dieser Untersuchung bilden, erfüllen nur 26 die Funktion der Etablie-rung neuer Paradigmen kommunikativer Ausdrücke. Diese komplexen Lexi-kalisierungen repräsentieren 3,8% der Gesamtzahl der berücksichtigten komplexen kommunikativen Ausdrücke und 11,0% der komplexen kommu-nikativen Ausdrücke, die keinem der Paradigmen der Sprechakt- und Kom-munikationsverben zugeordnet werden können. Zu den 26 komplexen kom-munikativen Ausdrücken, die völlig neue Paradigmen eröffnen, zählen 24 Idiome (20 voll- und 4 teilidiomatische Ausdrücke) und 2 Kollokationen. Diese Zahlen zeigen, dass die Etablierung neuer Paradigmen kommunikati-ver Ausdrücke nicht zu den wichtigsten Funktionen gehört, die komplexe kommunikative Ausdrücke im Lexikalisierungsraum kommunikativer Kon-zepte erfüllen. Dennoch ist die Etablierung neuer Paradigmen die einzige Funktion, die ein besonderes Charakteristikum komplexer kommunikativer Ausdrücke ist: Komplexe Lexikalisierungen, die neue Paradigmen kommu-nikativer Ausdrücke konstituieren, lexikalisieren Ausprägungen der Eigen-schaften der kategorialen Aspekte, die nicht mit einfachen kommunikativen Ausdrücken lexikalisiert sind. Da die meisten dieser komplexen Ausdrücke Idiome sind und Kollokationen nur äußerst selten neue Paradigmen konstitu-ieren, kann die Konstituierung neuer Paradigmen kommunikativer Ausdrü-cke als eine idiomspezifische Eigenschaft betrachtet werden.

Für die komplexen Lexikalisierungen, die neue Paradigmen kommunikativer Ausdrücke eröffnen, gilt im Wesentlichen das Gleiche wie für die, die hybri-de Paradigmen konstituieren: Da mit diesen beiden Typen komplexer Lexikalisierungen auf Situationen Bezug genommen wird, auf die nicht mit einfachen lexikalischen Ausdrücken Bezug genommen werden kann, füllen diese komplexen Ausdrücke Lücken im Wortschatzausschnitt der kommunikativen Ausdrücke. Die Lücken, die diese komplexen Ausdrücke füllen, sind aber keine Lücken im Bestand der Sprechakt- und Kommunikationsverben, sondern gehören zu dem Teilbereich des Wortschatzausschnitts, der kommunikative Ausdrücke enthält, die besondere Ausprägungen für eine der Eigenschaften der kategorialen Aspekte lexikalisieren. Die kommunikativen Konzepte, die mit diesen Ausdrücken lexikalisiert sind, sind nicht komplexer als die, die mit Sprechakt- und Kommunikationsverben lexikalisiert sind.

5.   Fazit

Die Untersuchung der Verteilung von einfachen und komplexen lexikalischen Ausdrücken im Lexikalisierungsraum kommunikativer Konzepte hat zunächst gezeigt, dass die Thesen zu den semantischen Besonderheiten komplexer Lexikalisierungen, die in der Literatur zur Phraseologie immer wieder geäußert worden sind, für den Wortschatzausschnitt der kommunikativen Ausdrücke nicht zutreffend sind. Dies gilt insbesondere für die Sprechereinstellungen bzw. Bewertungen, die mit komplexen Lexikalisierungen zum Ausdruck gebracht würden, sowie für die vermeintliche Komplexität der Konzepte, die mit diesen Ausdrücken lexikalisiert seien. Diese beiden Merkmale sind vor allem als semantische Besonderheiten von Idiomen hervorgehoben worden. Wie diese Untersuchung gezeigt hat, lexikalisieren komplexe kommunikative Ausdrücke aber keinerlei Sprechereinstellungen oder Bewertungen, die nicht auch Teil der Bedeutung von Sprechakt- und Kommunikationsverben wären. Bei der Lexikalisierung von Sprechereinstellungen und/oder Bewertungen handelt es sich somit nicht um eine idiomspezifische Eigenschaft. Genauso wenig ist die Lexikalisierung von negativen Bewertungen ein besonderes Charakteristikum komplexer Lexikalisierungen: In den Paradigmen negativ-bewertender Ausdrücke häufen sich nicht nur komplexe, sondern auch einfache lexikalische Ausdrücke.

Bei der Untersuchung der Verteilung von einfachen und komplexen kommunikativen Ausdrücken hat sich außerdem gezeigt, dass Sprechereinstellungen und/oder Bewertungen keine notwendigen Elemente der Bedeutung von Idiomen sind. Idiome, die als Synonyme zu Kommunikationsverben verwendet werden, sind hinsichtlich der mit ihnen lexikalisierten Sprechereinstellungen genauso unspezifisch wie ihre monolexikalischen Pendants.

Die Behauptung, dass mit Idiomen Sprechereinstellungen ausgedrückt würden, trifft nur insofern zu, als die Paradigmen der Sprechaktverben, die gar keine Sprechereinstellungen lexikalisieren, so gut wie gar keine Idiome enthalten. Beispiele solcher Paradigmen sind die der Deklarativa (*taufen, verurteilen, exkommunizieren, ...*) sowie die der Expressiva, mit denen auf gesellschaftliche Konventionen oder Rituale Bezug genommen wird (*gratulieren, danken, kondolieren, grüßen, ...*). In Bezug auf die anderen Paradigmen von Sprechaktverben hat die These, dass mit Idiomen Sprechereinstellungen bzw. Bewertungen zum Ausdruck gebracht würden, keinerlei Aussagekraft: Die Idiome, die den Paradigmen dieser Verben zugeordnet werden können, lexikalisieren die gleichen Einstellungen und Bewertungen wie ihre monolexikalischen Synonyme.

Komplexe kommunikative Ausdrücke unterscheiden sich auch nicht von den Sprechakt- und Kommunikationsverben hinsichtlich der Komplexität der mit ihnen lexikalisierten Konzepte. Obwohl es komplexe kommunikative Ausdrücke gibt, die die Bedeutung entsprechender Verben expandieren und deren Bedeutung daher komplexer als die der ihnen entsprechenden Verben ist, sind die Konzepte, die mit komplexen kommunikativen Ausdrücken lexikalisiert sind, nicht generell komplexer als die, die mit Sprechakt- und Kommunikationsverben lexikalisiert sind: Es gibt durchaus Sprechakt- und Kommunikationsverben, deren Bedeutung genauso komplex ist wie die derjenigen Kollokationen und Idiome, die die Bedeutung bestimmter Verben expandieren.

Der Vergleich der paradigmatischen Strukturen von einfachen und komplexen kommunikativen Ausdrücken hat gezeigt, dass es vier Typen komplexer kommunikativer Ausdrücke gibt, die unterschiedliche Funktionen im Lexikalisierungsraum kommunikativer Konzepte erfüllen:

- **TYP I:** Komplexe Lexikalisierungen, die als Synonyme zu Sprechakt- und Kommunikationsverben verwendet werden und daher den Paradigmen der einfachen lexikalischen Ausdrücken zugeordnet werden können. Zu den komplexen Lexikalisierungen dieses Typs gehören vor allem Kollokationen sowie teil- und vollidiomatische Ausdrücke, mit denen negative Bewertungen vergangener Handlungen zum Ausdruck gebracht werden. Diese Kollokationen und Idiome expandieren die Paradigmen der Sprechakt- und Kommunikationsverben: Sie erweitern das Spektrum der Ausdrücke, die einem Diskurssituationssprecher zur Bezugnahme auf die entsprechenden Sprechakte zur Verfügung stehen.

– **TYP II:** Komplexe Lexikalisierungen, die die Bedeutung von Sprechakt-
und Kommunikationsverben erweitern. Die Bedeutung dieser komplexen
lexikalischen Ausdrücke enthält nicht nur alle Komponenten, die auch
Teil der Bedeutung entsprechender Sprechakt- und Kommunikationsverben sind, sondern auch solche, die über die Bedeutung der ihnen entsprechenden Verben hinausgehen. Die meisten komplexen Lexikalisierungen,
die keinem der Paradigmen der Sprechakt- und Kommunikationsverben
zugeordnet werden können, sind Ausdrücke dieses Typs. Zu den komplexen Lexikalisierungen, die die Bedeutung entsprechender Verben expandieren, gehören vor allem Idiome; Kollokationen erfüllen diese Funktion
eher selten.

– **TYP III:** Komplexe Lexikalisierungen, die hybride Paradigmen kommunikativer Ausdrücke konstituieren. Komplexe kommunikative Ausdrücke
dieser Art lexikalisieren konzeptuelle Komponenten, die Elemente unterschiedlicher Rekurssituationstypen sind. Insgesamt gibt es nur sehr wenige Ausdrücke dieser Art; die meisten von ihnen sind Idiome.

– **TYP IV:** Komplexe Lexikalisierungen, die neue Paradigmen kommunikativer Ausdrücke eröffnen. Komplexe Lexikalisierungen dieser Art lexikalisieren Ausprägungen der Eigenschaften der kategorialen Aspekte, die
nicht mit Sprechakt- und Kommunikationsverben lexikalisiert sind. Zu
den wenigen komplexen Ausdrücken dieser Art gehören vor allem Idiome.

Die komplexen Ausdrücke von Typ II, III und IV repräsentieren 34,8% und
somit einen beträchtlichen Anteil der 676 komplexen Lexikalisierungen,
die insgesamt bei dieser Untersuchung berücksichtigt wurden. Den komplexen Lexikalisierungen von Typ II, III und IV ist gemeinsam, dass sie die
Funktion der Lexikalisierung kommunikativer Konzepte erfüllen, die sich
in ihrer Zusammensetzung von denen unterscheiden, die mit Sprechakt-
und Kommunikationsverben lexikalisiert sind. Dies bedeutet zugleich, dass
die kommunikative Leistung dieser Ausdrücke weit über das Ausdrücken
von Bewertungen hinausgeht.

Insofern es für die Ausdrücke von Typ II, III und IV keine monolexikalischen
Alternativen gibt, füllen diese komplexen Lexikalisierungen Lücken im
Wortschatzausschnitt der kommunikativen Ausdrücke. Die Lücken, die diese
Ausdrücke füllen, sind aber keine Lücken im Bestand der Sprechakt- und
Kommunikationsverben. Die Paradigmen der Sprechakt- und Kommunikati-

onsverben, die bei dieser Untersuchung berücksichtigt wurden, sind die gleichen wie die, die dem *Handbuch deutscher Kommunikationsverben* zugrunde liegen und decken die Gesamtmenge der Sprechaktverben sowie einen Großteil der Kommunikationsverben ab. Ausdrücke, die diesen Paradigmen nicht zugeordnet werden können, gehören nicht zum Bestand der Sprechakt- und Kommunikationsverben, sondern zu anderen Bereichen des Wortschatzausschnitts. Die Untersuchung der Verteilung von einfachen und komplexen Lexikalisierungen hat somit auch gezeigt, dass der Wortschatzausschnitt der kommunikativen Ausdrücke aus zwei sich überschneidenden Teilbereichen besteht: Einem Bereich, zu dem nur Sprechakt- und Kommunikationsverben gehören und einem, der komplexe Lexikalisierungen von Typ II, III und IV enthält. Die Schnittmenge dieser beiden Teilbereiche enthält außer Sprechakt- und Kommunikationsverben komplexe Lexikalisierungen von Typ I, d.h. Kollokationen und Idiome, die als Synonyme zu Sprechakt- und Kommunikationsverben verwendet werden (vgl. Abb. 20):

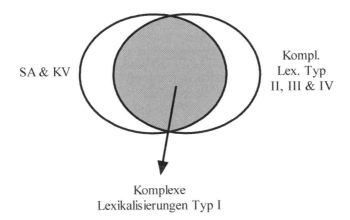

Abb. 20: Der Aufbau des Wortschatzausschnitts der kommunikativen Ausdrücke (einfache vs. komplexe Lexikalisierungen)

Die Ergebnisse dieser Untersuchung sind selbstverständlich nur für den Wortschatzausschnitt der kommunikativen Ausdrücke gültig. Ob komplexe Lexikalisierungen anderer Art die gleichen oder ähnliche Funktionen erfüllen wie komplexe kommunikative Ausdrücke, muss durch systematische Untersuchungen weiterer Wortschatzbereiche geklärt werden. Dabei kommt es vor allem darauf an, dass die Funktionen komplexer Lexikalisierungen im Vergleich zu denen einfacher lexikalischer Ausdrücke untersucht werden, was wiederum nur dann möglich ist, wenn man über ein System verfügt, das die Ordnung der mit diesen Ausdrücken lexikalisierten Konzepte darstellt und als Basis des Vergleichs der Lexikalisierungseigenschaften von einfachen und komplexen Ausdrücken verwendet werden kann. Da für jeden Wortschatzbereich ein eigenes konzeptuelles System erforderlich ist, können die semantischen Besonderheiten komplexer lexikalischer Ausdrücke immer nur für einen bestimmten Wortschatzbereich herausgearbeitet werden. Mit semantischen Untersuchungen komplexer Lexikalisierungen, die zu den unterschiedlichsten Bereichen des Wortschatzes gehören, ist – wie diese Untersuchung gezeigt hat – die Frage der semantischen Besonderheiten dieser Ausdrücke nicht zu klären, vor allem dann nicht, wenn einfache lexikalische Ausdrücke von der Untersuchung ausgeschlossen werden.

6.   Literatur

Baranov, Anatolij/Dobrovol'skij, Dmitrij (1999): Idioms from a Cognitive Perspective. In: Moscow State University Bulletin 19, S. 64-75.

Baumgärtner, Klaus (1977): Lexikalische Systeme möglicher Performative. In: ZGL 5, S. 257-276.

Bierwisch, Manfred/Lang, Ewald (1989): Somewhat Longer – Much Deeper – Further and Further: Epilogue to the Dimensional Adjective Project. In: Bierwisch, Manfred/Lang, Ewald (Hg.): Dimensional Adjectives: Grammatical Structure and Conceptual Interpretation. (= Springer Series in Language and Communication 26). Berlin. S. 471-514.

Bierwisch, Manfred/Schreuder, Robert (1992): From Concepts to Lexical Items. In: Cognition 42, S. 23-60.

Burger, Harald (1998): Phraseologie: Eine Einführung am Beispiel des Deutschen. (= Grundlagen der Germanistik 36). Berlin.

Černyševa, Irina (1984): Aktuelle Probleme der deutschen Phraseologie. In: Deutsch als Fremdsprache 21, S. 17-22.

Dobrovol'skij, Dmitrij (1988): Phraseologie als Objekt der Universalienlinguistik. (= Linguistische Studien). Leipzig.

Dobrovol'skij, Dmitrij (1995): Kognitive Aspekte der Idiom-Semantik: Studien zum Thesaurus deutscher Idiome. (= Eurogermanistik 8). Tübingen.

Dobrovol'skij, Dmitrij (1999): Haben tran sformationelle Defekte der Idiomstruktur semantische Ursachen? In: Fernandez Bravo, Nicole/Behr, Irmtraud/Rozier, Claire (Hg.): Phraseme und typisierte Rede. (= Eurogermanistik 14). Tübingen. S. 25-37.

Dobrovol'skij, Dmitrij (2000): Syntaktische Modifizierbarkeit von Idiomen aus lexikographischer Perspektive. In: Heid, Ulrich/Evert, Stefan/Lehmann, Egbert/ Rohrer, Christian (Hg.): Proceedings of the Ninth EURALEX International Congress/Stuttgart, Germany, August 8th-12th, 2000. Stuttgart. S. 557-568.

Duden (1998): DUDEN. Redewendungen und sprichwörtliche Redensarten: Wörterbuch der deutschen Idiomatik. Bearb. v. Günther Drosdowski u. Werner Scholze-Stubenrecht. Nach den Regeln der neuen deutschen Rechtschreibung überarb. Nachdr. d. 1. Aufl. (= Duden Bd. 11). Mannheim.

Edmondson, Willis J. (1981): Illocutionary Verbs, Illocutionary Acts, and Conversational Behaviour. In: Eikmeyer, Hans-Jürgen/Rieser, Hannes (Hg.): Words, Worlds, and Contexts: New Approaches in Word Semantics. (= Research in Text Theory 6). Berlin. S. 485-499.

Fellbaum, Christiane (1996): Towards a Representation of Idioms in WordNet. In: Proceedings of the Workshop on Usage of WordNet in Natural Language Processing Systems, COLING/ACL. Montreal. S. 52-57.

Fernando, Chitra (1996): Idioms and Idiomaticity. (= Describing English Language). Oxford.

Fernando, Chitra/Flavell, Roger (1981): On Idiom: Critical Views and Perspectives. (= Exeter Linguistic Studies 5). Exeter.

Fleischer, Wolfgang (1997): Phraseologie der deutschen Gegenwartssprache. 2., durchges. u. erg. Aufl. Tübingen.

Fraser, Bruce (1970): Idioms within a Transformational Grammar. In: Foundations of Language 6, S. 22-42.

Gläser, Rosemarie (1990): Phraseologie der englischen Sprache. 2. Aufl. Leipzig.

Grice, H. Paul (1975): Logic and Conversation. In: Cole, Peter/Morgan, Jerry L. (Hg.): Syntax and Semantics. Bd. 3: Speech Acts. New York. S. 41-58.

Harras, Gisela (1993): Lexikalische Feldstruktur und kommunikatives Hintergrundwissen: Am Beispiel deutscher Sprechaktverben. In: Lutzeier, Peter Rolf (Hg.): Studien zur Wortfeldtheorie – Studies in Lexical Field Theory. (= Linguistische Arbeiten 288). Tübingen. S. 75-86.

Harras, Gisela (1994): Unsere Kommunikationswelt in einer geordneten Liste von Wörtern: Zur Konzeption einer erklärenden Synonymik kommunikativer Ausdrücke des Deutschen. In: Hüllen, Werner (Hg.): The World in a List of Words. Tübingen. S. 33-41.

Harras, Gisela (1995): Eine Möglichkeit der kontrastiven Analyse von Kommunikationsverben. In: Kromann, Hans-Peder/Kjaer, Anne Lise (Hg): Von der Allgegenwart der Lexikologie: Kontrastive Lexikologie als Vorstufe zur zweisprachigen Lexikographie. Akten des internationalen Werkstattgesprächs zur kontrastiven Lexikologie 29.-30.10.1994 in Kopenhagen. (= Lexicographica Series Maior 66). Tübingen. S. 103-113.

Harras, Gisela (1998): Projektantrag an die DFG. Ms. Mannheim.

Harras, Gisela/Winkler, Edeltraud (1994): A Model for Describing Speech Act Verbs: The Semantic Base of a Polyfunctional Dictionary. In: Martin, Willy (Hg.): Euralex 1994: Proceedings. Amsterdam. S. 440-448.

Harras, Gisela/Winkler, Edeltraud/Erb, Sabine/Proost, Kristel (2004): Handbuch deutscher Kommunikationsverben. Teil 1: Wörterbuch. (= Schriften des Instituts für Deutsche Sprache 10.1). Berlin.

Harras, Gisela (Hg.) (2001): Kommunikationsverben: Konzeptuelle Ordnung und semantische Repräsentation. (= Studien zur deutschen Sprache 24). Tübingen.

Hermann, Ursula (2003). Wahrig – Die deutsche Rechtschreibung. Jubiläumsson-derausgabe. Gütersloh.

Hockett, Charles F. (1958): A Course in Modern Linguistics. New York.

Jackendoff, Ray (1995): The Boundaries of the Lexicon. In: Everaert, Martin/van der Linden, Erik-Jan/Schenk, André/Schreuder, Rob (Hg.): Idioms: Structural and Psychological Perspectives. Hillsdale, NJ. S. 133-165.

Kühn, Peter (1985): Phraseologismen und ihr semantischer Mehrwert: *jemandem auf die Finger gucken* in einer Bundestagsrede. In: Sprache und Literatur in Wissen-schaft und Unterricht 16, 56, S. 37-46.

Lakoff, George (1990): Women, Fire and Dangerous Things: What Categories Re-veal about the Mind. Chicago.

Levinson, Stephen (2001): Presumptive Meanings: The Theory of Generalized Con-versational Implicature. Cambridge, MA.

Makkai, Adam (1972): Idiom Structure in English. The Hague.

Nieradt, Kerstin (2001): Idiomatik des Deutschen: Eine Untersuchung der Flexibili-tät verbaler idiomatischer Verbindungen anhand deutscher Sprechakt-Idiome. Mag., Univ. Mannheim.

Nunberg, Geoffrey/Sag, Ivan A./Wasow, Thomas (1994): Idioms. In: Language 70, S. 491-538.

Proost, Kristel (2001): Zum Lexikalisierungsraum kommunikativer Konzepte. In: Harras (Hg.), S. 77-129.

Schindler, Wolfgang (1993): Phraseologismen und Wortfeldtheorie. In: Lutzeier, Peter Rolf (Hg.): Studien zur Wortfeldtheorie – Studies in Lexical Field Theory. (= Linguistische Arbeiten 288). Tübingen. S. 87-106.

Searle, John R. (1980): Speech Acts: An Essay in the Philosophy of Language. Repr. Cambridge.

Searle, John R./Vanderveken, Daniel (1985). Foundations of Illocutionary Logic. Cambridge.

Verschueren, Jef (1980): On Speech Act Verbs. (= Pragmatics and Beyond 4). Amsterdam.

Verschueren, Jef (1985): What People Say They Do with Words: Prolegomena to an Empirical-Conceptual Approach to Linguistic Action. (= Advances in Discourse Processes 14). Norwood, NJ.

Wiese, Richard (1996). The Phonology of German. Oxford.

Winkler, Edeltraud (1996): Kommunikationskonzepte und Kommunikationsverben. In: Grabowski, Joachim/Harras, Gisela/Herrmann, Theo (Hg.): Bedeutung, Konzepte, Bedeutungskonzepte: Theorie und Anwendung in Linguistik und Psychologie. Opladen. S. 256-276.

Winkler, Edeltraud (2001): Aufbau und Gliederung einer Synonymik deutscher Sprechaktverben. In: Harras (Hg.), S. 195-229.

Zifonun, Gisela/Hoffmann, Ludger/Strecker, Bruno et al. (1997): Grammatik der deutschen Sprache. (= Schriften des Instituts für deutsche Sprache 7.1-7.3). Berlin.

Gisela Harras

Lexikalisierung von Bewertungen durch Sprechaktverben – Suppositionen, Präsuppositionen oder generalisierte Implikaturen?

1. Einleitung: worum es geht

Mit Sprechaktverben werden, wie man leicht zeigen kann, Konfigurationen von Sprechereinstellungen lexikalisiert. Nehmen wir z.B. solche Allerweltsverben wie *auffordern* oder *versprechen*: Mit *auffordern* wird eine voluntative Einstellung des Sprechers lexikalisiert, nämlich, das, was der Adressat tun soll, zu wollen. Mit *versprechen* wird ebenfalls eine voluntative Einstellung des Sprechers, nämlich etwas tun zu wollen, lexikalisiert. Solche voluntativen Einstellungen wie die hier genannten enthalten in einer bestimmten Weise auch Bewertungen, die ihnen offensichtlich vorgängig sind (vgl. z.B. v. Wright 1977; Zillig 1981): Wenn ich etwas will, so bewerte ich – zumindest unter rationalen Voraussetzungen – das, was ich will, als etwas für mich Positives. Freiwillig etwas zu wollen, was wir für schlecht halten, würden wir, wenn sonst keine weiteren Begleitumstände zu berücksichtigen wären, für irrational halten.

Mit dem Prädikat *versprechen* wird auf Situationen Bezug genommen, in denen der Sprecher das, was er verspricht, für etwas hält, was im Interesse des Adressaten liegt, d.h., der Sprecher hat eine positive Einstellung zu seiner zukünftigen Handlung.

Prädikate wie *loben* oder *tadeln* werden mit Bezug auf Situationen verwendet, in denen ein Sprecher seine positive oder negative Bewertungseinstellung zu einer vergangenen Handlung des Hörers (oder einer dritten Person) zum Ausdruck bringt. Und schließlich bringt der Verwender von Ausdrücken wie *angeben, herumkommandieren* oder *unken* (negative) Bewertungen zum Ausdruck, die sich auf die Handlungen beziehen, auf die mit den jeweiligen Ausdrücken Bezug genommen wird. Ziel dieses Beitrags ist es:

– eine systematische Darstellung derjenigen Bewertungen zu geben, die durch Sprechaktverben lexikalisiert sind;

– die Arten der Lexikalisierungen – als Suppositionen, lexikalische Präsuppositionen oder generalisierte Implikaturen – unterscheidend zu differenzieren.

2. Ein Rahmen für die Repräsentation der Bedeutung von Sprechaktverben

Wie bereits oben erwähnt, werden durch Sprechaktverben Konfigurationen von Sprechereinstellungen lexikalisiert, d.h., die konzeptuelle Bedeutung dieser Ausdrücke ist durch verschiedene Arten solcher Einstellungen repräsentierbar.

Zunächst soll jedoch auf eine semantische Gemeinsamkeit aller Sprechaktverben aufmerksam gemacht werden: In ihre Verwendung sind immer zwei Typen von Situationen involviert: der erste Situationstyp ist derjenige, in dem ein entsprechendes Verb gebraucht wird, der Typ der Diskurssituation (DS), ausgestattet mit dem Inventar der Situationsrollen: der Rolle des Sprechers, der Rolle des Hörers und der Rolle der Äußerung, die für den Defaultfall eine Proposition enthält. Der zweite Situationstyp ist der, auf den sich ein jeweiliger Diskurssituationssprecher durch den Gebrauch eines Sprechaktverbs bezieht; die Rekurssituation (RS), ebenfalls ausgestattet mit der Rolle eines Sprechers, eines Hörers sowie einer Äußerung mit einer Propositon. (Vgl. Abb. 1):

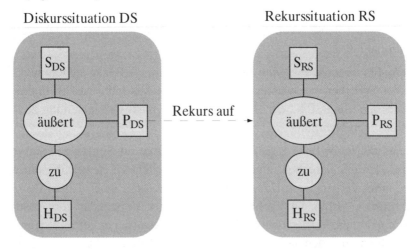

S_{DS} = Sprecher der Diskurssituation S_{RS} = Sprecher der Rekurssituation
H_{DS} = Hörer der Diskurssituation H_{RS} = Hörer der Rekurssituation
P_{DS} = propositionaler Gehalt der P_{RS} = propositionaler Gehalt der
            Äußerung der Diskurssituation   Äußerung der Rekurssituation

Abbildung 1: Zwei Typen von Situationen

In Fällen des performativen Gebrauchs der Verben sind Diskurs- und Rekurssituation identisch. Mit einer solchen Bestimmung von Performativität braucht man nicht von dem problematischen Begriff der Selbstbezüglichkeit oder der Selbstverifikation performativer Äußerungen Gebrauch machen.

Für die Semantik der Sprechaktverben spielen drei Arten von RS-Sprechereinstellungen eine Rolle:

1) Propositionale Einstellungen des RS-Sprechers

2) Intentionale Einstellungen des RS-Sprechers

3) Vorannahmen des RS-Sprechers

Propositionale Einstellungen beziehen sich auf Einstellungen, die ein RS-Sprecher zum propositionalen Gehalt seiner Äußerung hat: z.B. im Fall einer Behauptung, dass P, die Einstellung des Für-Wahr-Haltens von P (epistemische Einstellung), im Fall des Aufforderns zu P die Einstellung des Wollens, dass P (voluntative Einstellung) oder im Fall des Lobens oder Tadelns die Einstellung der Bewertung von P als gut oder schlecht (evaluative Einstellung). Insgesamt erhalten wir für propositionale Einstellungen die folgenden Werte, vgl. Abb. 2:

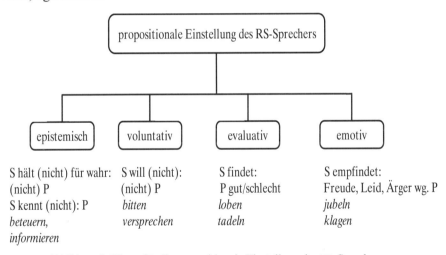

Abbildung 2: Werte für die propositionale Einstellung des RS-Sprechers

Die intentionalen Einstellungen des RS-Sprechers beziehen sich auf beabsichtigte Hörerreaktionen. Die möglichen Werte sind: S will, dass H P tut oder nicht tut; S will, dass H P für wahr oder falsch hält; S will, dass H P kennt; S will, dass H erkennt, dass sich S in einem bestimmten mentalen Zustand befindet. Insgesamt erhalten wir die folgenden Werte, vgl. Abb. 3:

Gisela Harras

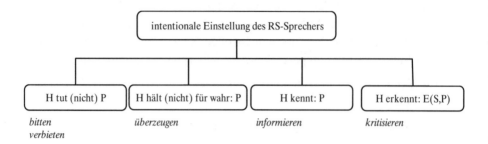

Abbildung 3: Werte für die intentionale Einstellung des RS-Sprechers

Neben den propositionalen und intentionalen Einstellungen des RS-Sprechers spielen Einstellungen, die zu den Vorannahmen des RS-Sprechers zählen, eine Rolle: z.B. wird *warnen* mit Bezugnahme auf Situationen verwendet, in denen das, wovor gewarnt wird, eine Handlung des Hörers oder ein
Ereignis, erwartbar und nicht im Interesse des Hörers ist. Insgesamt erhalten
wir die folgenden Möglichkeiten:

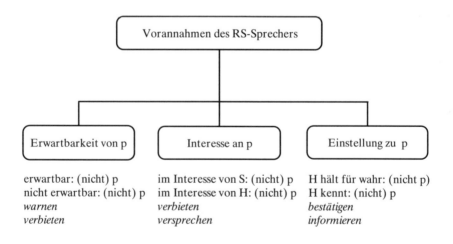

Abbildung 4: Vorannahmen des RS-Sprechers

Für die Frage nach der Lexikalisierung von Bewertungen sind v.a. die folgenden konzeptuellen Aspekte relevant:

1) Die Aspekte der propositionalen Einstellung des RS-Sprechers: evaluative, voluntative und emotive Einstellungen. Innerhalb dieser drei Aspekte kann man zwischen der evaluativen und der voluntativen und emotiven Einstellung unterscheiden. Wie bereits angedeutet, gehört es zu den Rationalitätsbedingungen des Wollens, dass man das, was man will, auch billigt, d.h. ihm gegenüber eine positive Einstellung einnimmt. Emotive Einstellungen sind die Gefühle Freude, Ärger und Leid. Freude und Ärger liegt jeweils eine wertende Einstellung – positiv für Freude, negativ für Ärger und Leid – zugrunde. Wir können also zwischen den evaluativen, explizit wertenden Einstellungen und den Einstellungen, die voluntativen und emotiven Einstellungen zugrunde liegen, unterscheiden;

2) Die Aspekte der Vorannahmen des RS-Sprechers: Annahmen zu Interessenslagen des RS-Hörers aus der Sicht des RS-Sprechers. Diesen liegen ebenfalls Bewertungen zugrunde; es handelt sich also um implizit wertende Einstellungen des RS-Sprechers.

Insgesamt erhalten wir das folgende Bild:

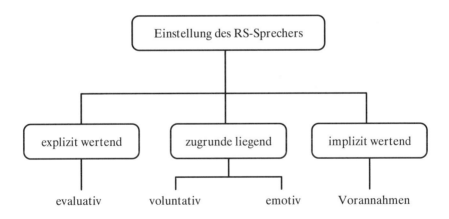

Abb. 5: Einstellungen des RS-Sprechers

3. Bewertung und Bewertungsausdruck

Im Folgenden unterscheide ich zwischen Bewertung und Bewertungsausdruck. Menschen nehmen Personen, Gegenständen und Ereignissen ihrer Umwelt gegenüber unterschiedliche – billigende oder missbilligende – Haltungen ein; vermutlich gehört dies zu den menschlichen Urinstinkten, die das Überleben der Spezies sichern. Wertende Einstellungen werden gelegentlich zum Ausdruck gebracht, und die Verständigung über wertende Einstellungen trägt wesentlich zum ethischen und moralischen Fundament einer Kommunikationsgemeinschaft bei.

Im Deutschen, wie auch in einigen anderen indoeuropäischen Sprachen, gibt es lexikalische Ausdrücke, mit denen sowohl auf das Haben von bewertenden Einstellungen als auch auf deren sprachlichen Ausdruck Bezug genommen wird, wie z.B. *bereuen, bedauern, entsagen, zumuten* oder *gutheißen*, wobei Ausdruck und Bewertung logisch zusammen hängen: zu den Wahrheitsbedingungen des entsprechenden Ausdrucks gehört das Haben der bewertenden Einstellung, im Fall des performativen Gebrauchs die des Sprechers der Diskurssituation, in allen anderen Fällen die des Sprechers der Rekurssituation.

Die Tatsache, dass durch Sprechaktverben Bewertungen lexikalisiert werden können, bedeutet jedoch nicht notwendigerweise, dass deren Verwendung auch immer ein Bewertungsausdruck sein muss. Nehmen wir als Beispiel das Verb *tadeln*: Wenn ein Sprecher äußert:

(1)   Franz tadelte Otto dafür, dass er ins kalte Wasser gesprungen ist

dann drückt er damit keine Bewertung aus, sondern er nimmt auf eine Situation Bezug, in der ein anderer Sprecher eine Bewertung ausdrückt, oder einfacher gesagt: er berichtet von einem Ausdruck der Bewertung. Diese kann er übernehmen oder auch nicht. Bereits Wunderlich (1973) hat in der Auseinandersetzung mit Lakoff (1973) und Fillmore (1973) darauf hingewiesen, dass Verben wie *beschuldigen, kritisieren, tadeln* oder *bedauern* in zwei Weisen gebraucht werden können, nämlich *de re* und *de dicto*. Für den de re-Gebrauch gilt: „der Sprecher schließt aus einem Verhalten der genannten Person, daß eine Beschuldigung, eine Kritik, ein Bedauern vorliegt und teilt die Voraussetzungen dafür, d.h. er übernimmt die Beschuldigung, die Kritik, das Bedauern." (Wunderlich 1973, S. 475.) Für den de dicto-Gebrauch gilt: „der Sprecher zitiert eine Äußerung, ohne deren Voraussetzungen schon teilen, d.h. die Beschuldigung, die Kritik, das Bedauern übernehmen zu wollen." (ebd.). Dies lässt sich auch daran demonstrieren, dass Bewertungen vom Sprecher der Diskurssituation zurückgenommen werden können, wie folgendes Beispiel zeigt:

(2)   Hans hat Anton dafür getadelt, dass er ins kalte Wasser gesprungen ist, aber bei der Hitze war das das einzig Richtige

Auch Äußerungen, mit denen das in der Rekurssituation präsupponierte Ereignis zurückgenommen wird, haben nichts Ungewöhnliches, vgl.:

(3)   Hans hat Anton dafür getadelt, dass er ins kalte Wasser gesprungen ist, dabei hat Anton nur ein Fußbad genommen

Im Fall des explizit performativen Gebrauchs sind Rekurs- und Diskurssituationssprecher identisch; insofern ist es natürlich unmöglich, Bewertungen und andere Voraussetzungen zurückzunehmen, vgl.:

(4)   *Ich tadele dich dafür, dass du ins kalte Wasser gesprungen bist, aber das war das einzig Richtige bei dieser Hitze

(5)   *Ich tadele dich dafür, dass du ins kalte Wasser gesprungen bist, dabei hast du doch nur ein Fußbad genommen

Bewertungen, die Elemente der Diskurssituation darstellen, können ebenfalls nicht zurückgenommen werden, ohne dass Sprecher in ein Mooresches Paradox geraten, vgl.:

(6)   *Hans hat mit seinem neuen Job angegeben, aber ohne zu übertreiben

Zusammenfassend kann man für die durch Sprechaktverben lexikalisierten Bewertungen die folgenden Unterscheidungen vornehmen:

– Zunächst kann man unterscheiden zwischen Bewertungen, über die berichtet wird und solchen, die ausgedrückt werden.

– Für die Gruppe der Bewertungsausdrücke kann man unterscheiden zwischen Bewertungen, die explizit performativ zum Ausdruck gebracht werden (wobei Diskurs- und Rekurssituation zusammenfallen) und solchen, die der Sprecher der Diskurssituation zum Ausdruck bringt.

– Für die Gruppe der Bewertungen, über die berichtet wird, kann man unterscheiden zwischen expliziten Bewertungen, d.h. solchen, die Elemente der propositionalen Einstellung des Rekurssituationssprechers darstellen, und impliziten Bewertungen, d.h. solchen, die Elemente von Vorannahmen des Rekurssituationssprechers darstellen. Dieselbe Unterscheidung gilt natürlich auch für die Gruppe der Bewertungen, die explizit performativ zum Ausdruck gebracht werden. Insgesamt ergibt sich also das folgende Bild, vgl. Abb. 5:

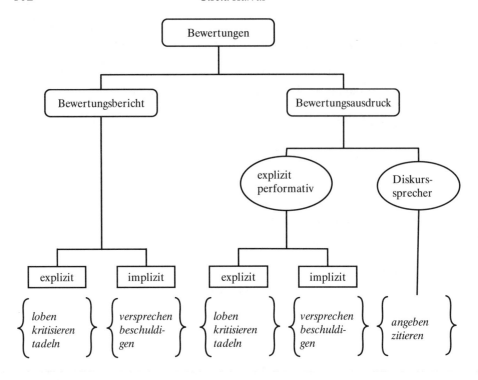

Abbildung 6: Bewertungsunterscheidungen

Bevor die Lexikalisierungen von Bewertungen durch Sprechaktverben des Deutschen detailliert dargestellt werden, sollen noch einige Grundüberlegungen zur Frage nach der Bedeutung und Funktion von Werturteilen angestellt werden.

4.   Was bedeutet <gut>?

Mit dem Prädikat *loben* wird eine positiv wertende Einstellung des Rekurssituationssprechers lexikalisiert, sowie die Absicht, dass diese Einstellung vom Hörer erkannt wird. Die Einstellung richtet sich auf eine vergangene Handlung des Hörers oder einer dritten Person. Insgesamt lexikalisiert das Prädikat *loben* das folgende Konzept:

Propositionaler Gehalt:
vergangene Handlung (P) des Hörers oder einer dritten
Person

Propositionale Einstellung des Sprechers:
S findet: P gut

Sprecherabsicht:
S will: H erkennt: S findet: P gut

Vorannahme des Sprechers:
P ist der Fall

Weitere Prädikate, die dieses Konzept lexikalisieren, sind: *huldigen, würdigen, ehren, honorieren.* Mit all diesen Prädikaten wird ein positives Werturteil ausgedrückt, das sich auf die Grundform 'X (die Handlung, die der Adressat oder eine dritte Person in der Vergangenheit ausgeführt hat) ist gut' reduzieren lässt. Bereits G. E. Moore hat vor fast hundert Jahren darauf hingewiesen, dass es zwischen Prädikaten wie *gut, schlecht* (oder auch *schön* und *hässlich*) und Prädikaten wie *rot* oder *langsam* erhebliche Unterschiede gibt. Moore hält *gut* für eine ganz besondere Eigenschaft, nämlich für eine nicht natürliche Eigenschaft. Geach (1956) hat besonders die logische Verschiedenheit von *gut* und *rot* betont. Als Antwort auf die Frage nach der besonderen Art des Unterschieds der Prädikate ist im Rahmen der analytischen Philosophie besonders auf den subjektivistischen, expressiven oder emotiven Charakter von Werturteilen der Form 'X ist gut' aufmerksam gemacht worden (vgl. Ayer 1970; Gibbard 1990; Hare 1973; Stevenson 1945; vgl. auch die vorzügliche Zusammenfassung und Kritik von Foot 2004). In der analytischen Philosophie herrschte die Idee vor, dass man die Eigenart moralischen Urteilens, d.h. auch die von Werturteilen über menschliche Handlungen, durch einen besonderen Gebrauch der Sprache erklären könne: Mit Werturteilen werden Gefühle und Einstellungen eines Sprechers ausgedrückt und beim Adressaten ähnliche Gefühle und Einstellungen bewirkt. Es ist weiter oben bereits gesagt worden, dass mit einem Prädikat wie *loben* ein Sprecher (im Fall des deskriptiven Gebrauchs der Rekurssituationssprecher, im Fall des performativen Gebrauchs der Diskurssituationssprecher) zum

Ausdruck bringt, dass er eine vergangene Handlung des Adressaten oder einer anderen Person gut findet, d.h. eine bestimmte positive Einstellung hat. Fraglich ist allerdings, ob man sagen kann, dass er damit auch eine ähnliche Einstellung beim Adressaten bewirkt oder auch nur bewirken will.

Der subjektivistische oder emotive Charakter von Werturteilen ist auf Urteile über menschliche Handlungen und Dispositionen beschränkt: ein Prädikat wie *gut* auf einen Gegenstand wie ein Messer anzuwenden ist etwas grundsätzlich anderes als es auf einen Menschen und seine Handlungen anzuwenden. Im ersten Fall haben wir es mit einem instrumentalistischen Gebrauch zu tun. Mit einer Äußerung wie

(7)   Das Messer ist gut

werden keine Gefühle und Einstellungen des Sprechers ausgedrückt. Die Äußerung ist durch Tatsachenbehauptungen wie etwa den folgenden verifizierbar:

(8)   Die Klinge des Messers ist scharf
(9)   Der Griff des Messers liegt gut in der Hand
(10)   Das Messer schneidet viele unterschiedliche Dinge
usw.

Die Wahrheitsbedingungen für Werturteile bestehen hingegen in der subjektiven Verfassung des Sprechers. Dieser radikalen Auffassung zufolge – darauf hat Foot (2004, S. 22f.) zu Recht aufmerksam gemacht – wären auch völlig bizarre moralische Urteile theoretisch möglich wie z.B.:

(11)   Es ist schlecht, im Uhrzeigersinn um einen Baum zu rennen
(12)   Es ist schlecht, Igel im Mondschein zu betrachten

Es erhebt sich also angesichts dieses theoretischen Mankos das gravierende Problem, wie Werturteile, wenn nicht zu verifizieren, so doch zu begründen sind. Hare (1972) bestimmt den Charakter von Werturteilen als präskriptiv und sieht ihre Begründung in einer praktischen Handlungsanleitung: „Wir sagen etwas Präskriptives [d.h. wir fällen ein Werturteil, G.H.] dann und nur dann, wenn für einen Akt A, eine Situation S und eine Person P gilt: Wenn P dem, was wir sagen, zwar zustimmen, in S aber A trotzdem nicht tun würde, so muß seine Zustimmung aus logischen Gründen unaufrichtig sein." (Hare 1972, S. 64.) Mit dieser Bestimmung werden moralische Urteile implizit auch als Empfehlungen charakterisiert, eine thematisierte Handlung zu tun oder zu unterlassen. Wenn ich sage 'X zu tun ist gut in einer Situation S', empfehle ich meinem Adressaten, in einer entsprechenden Situation X zu tun; zugleich lege ich mich selbst darauf fest, in einer entsprechenden Situation S X zu tun. Damit haben moralische Urteile eher den illokutionären Status von Empfehlungen oder Versprechen als den von Behauptungen oder Feststellungen.

Aber auch Hares Bestimmung von Werturteilen als präskriptiven Äußerungen löst die Frage nach der letzten Begründung für Pro-Einstellungen und Handlungsdispositionen nicht. Man könnte jetzt meinen, dass uns das als Linguist(inn)en völlig egal sein kann und die Begründungsfrage den Philosophen überlassen. Ich denke aber, dass es im Rahmen einer Darstellung von Lexikalisierungen kommunikativer Konzepte durchaus sinnvoll sein kann, darüber nachzudenken, was uns als Mitglieder einer Kommunikations- und Kulturgemeinschaft dazu veranlasst, von Handlungen anderer (seltener von unseren eigenen) zu sagen, sie seien gut oder schlecht. Ich folge dabei im Wesentlichen den m.E. sehr anregenden Überlegungen von Foot (2004).

Foot geht davon aus, dass Urteile über gut und schlecht eine besondere „>Grammatik<" haben, wenn sie Lebewesen betreffen – ob Pflanze, Tier oder Mensch. In allen anderen Fällen, wenn es sich um natürliche Arten, Naturphänomene oder Artefakte handelt, wird *gut* in einem „sekundären Sinn" verwendet: „Nur auf diese abgeleitete Weise können wir von gutem Boden, gutem Wetter usw. sprechen, nämlich insofern so etwas mit dem Leben von Pflanzen, Tieren oder uns selbst zu tun hat. Wir schreiben >gut< in diesem sekundären Sinne auch Lebewesen zu: zum Beispiel den Exemplaren einer Pflanzenart, die so wachsen, wie wir es wollen, oder Pferden, die uns so tragen wie wir es wollen. Artefakte wiederum werden oft schon in bezug auf das Bedürfnis oder Interesse benannt und bewertet, dem sie vornehmlich dienen. Dagegen kann man >natürliche< Qualität, so wie ich sie definiere, nur Lebewesen selbst, ihren Teilen, Eigenschaften und Vollzügen zuschreiben. Sie ist intrinsisch oder >autonom<, insofern die Zuschreibung von *gut* unmittelbar von der Beziehung eines Individuums zu der >Lebensform< seiner Spezies abhängt." (Foot 2004, S. 45/6.)

Für Foot ist also Gut-Sein eine natürliche Eigenschaft aller Lebewesen. Eine autonome Bewertung eines Lebewesens, d.h. eine Bewertung ohne Bezug auf unsere Interessen und Wünsche, ist dann möglich, wenn zwei Aussagetypen zusammen kommen: „aristotelian categorials", d.h. Lebensform-

Beschreibungen, die sich auf die Spezies beziehen, auf der einen Seite und Aussagen über bestimmte Individuen, die Gegenstand der Bewertung sind, auf der anderen Seite. Lebensform-Beschreibungen können außer Normalitäten auch Normen angeben: „Im reproduktiven Leben des Pfaus *spielt* die strahlende Färbung des Schwanzgefieders *eine Rolle*; das Blau auf dem Kopf der Blaumeise aber spielt, so haben wir angenommen, keine Rolle für das, was hier als *ihr Leben* zählt. Und deshalb wäre das Fehlen der besonderen Färbung beim Pfau als solches ein Defekt, bei der Blaumeise hingegen nicht." (Foot 2004, S. 54).

Gut-Sein bei Pflanzen und Tieren als natürliche Eigenschaft ist einerseits in allgemeine Begriffe wie Leben, Tod, Fortpflanzung, Ernährung, andererseits in speziesspezifische Begriffe wie Früchte-Tragen, Fressen, Fliehen oder Beute-Machen eingebunden. Wenn man von einem Lebewesen als einem guten X spricht, macht man diese Aussage immer im Kontext der Zuschreibung der Anwesenheit speziesspezifischer Eigenschaften, die für das Überleben der Spezies von Bedeutung sind. Von einem Lebewesen zu sagen, es sei ein schlechtes X heißt, ihm bestimmte speziesspezifische Eigenschaften, die für das Überleben von Bedeutung sind, abzusprechen, oder wie Foot es ausdrückt, ihm bestimmte natürliche Defekte zuzuschreiben.

Foot hat sich – wie bereits angedeutet – gegen die Reduzierung der Verwendung des Prädikats *gut* auf Menschen ausgesprochen. Wir würden allerdings – wie Foot selbst zugibt – dem Gedanken skeptisch gegenüber stehen, dass moralische Bewertungen, d.h. Werturteile über menschliche Handlungen und Dispositionen, demselben Muster folgen wie Bewertungen nicht-menschlicher Lebewesen. Wir müssen uns also fragen: Was haben moralische Bewertungen mit Bewertungen tierischer und pflanzlicher Verhaltensweisen und Eigenschaften gemeinsam und worin unterscheiden sich die beiden Bewertungsarten?

Foot unterscheidet zwischen der Bedeutung von *gut* und den Kontexten, Zusammenhängen und Interessenslagen, in denen das Wort jeweils vorkommt. „Die Bedeutung von *gut* ist dieselbe, ob das Wort in *gute Wurzeln* oder in *gute Dispositionen des menschlichen Willens* vorkommt." (Foot 2004, S. 60). Die Zusammenhänge, in denen die beiden zitierten Äußerungen vorkommen, sind unterschiedlich: für die Wurzeln von Pflanzen interessieren wir uns in Gärtnereien; gute Handlungen sind für Lebensentwürfe, Erziehung von Kindern oder Entscheidungen in der Sozialpolitik von Bedeu-

tung. Beim Übergang von pflanzlichen und tierischen Lebewesen auf rationale Lebewesen ändert sich nicht das Bewertungsschema der natürlichen
Normativität, sondern die Zunahme von unterschiedlichen Bewertungshin-
sichten, und zu diesen gehören vor allem solche, die rationale Lebewesen
auszeichnen, also Wille bzw. Freiwilligkeit und Wissen. Werturteile können
nur dann ernsthaft gefällt werden, wenn die zur Diskussion stehende Handlung freiwillig und kontrolliert ausgeführt wurde – man könnte auch sagen,
dass nur Verhaltensweisen, die als Handlungen anerkannt sind, Gegenstand
von moralischen Urteilen sein können.

Es gibt drei unterschiedliche Dimensionen, innerhalb derer Handlungen beurteilt und bewertet werden können (vgl. Foot 2004, S. 99f.):

– Die Qualität des Handelns selbst; z.B. ist eine Lebensrettung als solche
  eine gute Handlung, die Tötung einer Person eine schlechte.

– Das Ziel, um dessentwillen eine Handlung begangen wurde, beeinflusst
  die Bewertung in entscheidendem Maß: eine Handlung, die an sich gut
  ist, kann schlecht sein, wenn sie mit einem schlechten Ziel getan wird
  und umgekehrt; z.B. kann die Rettung eines Menschenlebens schlecht
  sein, wenn sie mit dem Ziel ausgeführt wurde, durch diese Person eine
  ansteckende Krankheit zu verbreiten oder eine Tötung kann gut sein,
  wenn sie begangen wurde, um das Leben von Menschen einer ganzen
  Stadt zu retten.

– Die Beurteilungsdimension des handelnden Subjekts ist insofern eine
  Quelle der Bewertung, als Handlungen, die mit den Werturteilen des
  Handelnden unvereinbar sind, schlecht sind.

Eine Handlung ist also schlecht, wenn sie entweder selbst schlecht ist, mit
einem schlechten Ziel begangen wurde oder mit den Wertvorstellungen der
handelnden Person unvereinbar ist. Einer dieser natürlichen Defekte reicht
aus, um eine Handlung zu Recht als schlecht zu beurteilen. Foot weist im
Anschluss an Thomas von Aquin darauf hin, dass dies für gute Handlungen
nicht gilt: „Ein einziger Defekt genügt, daß etwas schlecht ist; was gut ist,
muß in allen Hinsichten gut sein." (Foot 2004, S. 103). Wenn man die
Asymmetrie von gut und schlecht beachtet, kann man sagen: eine individuelle Handlung ist gut, wenn sie in keinerlei Hinsicht schlecht ist.

Dieses Fazit mutet seltsam an: Wenn etwas, darunter auch eine Handlung,
nur nicht schlecht ist, würden wir es dann besonders hervorheben, es eigens
in einem positiven Werturteil thematisieren wollen? Foot gibt zu, dass es für

Handlungen, wenn sie kommunikativ besonders hervorgehoben werden, nicht ausreicht, dass sie keinen natürlichen oder moralischen Defekt aufweisen. Wir heben bestimmte Handlungen als besonders lobenswert hervor, wenn gilt, „... daß ein besonderes Lob nicht angebracht ist, wenn ein Reicher für wohltätige Zwecke einen Betrag spendet, den er nicht einmal vermißt; und daß eine unauffällige Handlung (zum Beispiel vor Gericht die Wahrheit sagen oder eine ehrliche Meinung über einen Kandidaten für eine akademische Position abgeben) besonderes Lob verdienen kann, wenn sie unter besonders schwierigen Umständen ausgeführt wird." (Foot 2004, S. 104f.). Auch hier wird, wie wir bereits eingeführt haben, unterschieden zwischen der Bewertung einer Handlung als einer natürlichen oder moralischen Qualität einerseits und dem Ausdruck der Bewertung andererseits, mit dem implizit oder explizit auf die besonderen Umstände des Handelnden verwiesen wird.

Wenn wir die von Foot angeregten Überlegungen zur Frage, was uns dazu veranlasst, eine Handlung gut zu nennen, zusammenfassen, können wir sagen, dass Handlungen und Ereignisse, um gut zu sein, keine moralischen oder natürlichen Defekte haben dürfen, dass sie, um in positiven Werturteilen thematisiert zu werden, unter speziellen, erwähnenswerten Umständen vollzogen werden müssen oder stattfinden. Entsprechend gilt für negative Werturteile, dass mit ihnen Handlungen und Ereignisse thematisiert werden, denen entweder ein relevanter moralischer oder natürlicher Defekt zugesprochen wird. Für Lexikalisierungen von Bewertungen durch Sprechaktverben lässt sich mit Bezug auf menschliche Handlungen die (vorläufige) Hypothese aufstellen, dass durch solche Verben die besondere Wertschätzung bestimmter Handlungen zum Ausdruck gebracht und damit auch zur Diskussion gestellt wird und dass dadurch auch das moralische Fundament unserer Kommunikationsgemeinschaft beständig stabilisiert wird.

5.   Die Domänen der Lexikalisierung von Bewertungen

5.1   Assertive und Repräsentative

Innerhalb der Gruppe der Assertive, d.h. der Verben, mit denen auf Situationen Bezug genommen wird, in denen ein Sprecher einen Wahrheitsanspruch erhebt, und der Repräsentative, d.h. Verben, mit denen auf Situationen Bezug genommen wird, in denen ein Sprecher einem Hörer etwas zur Kenntnis gibt, finden sich Verben, mit denen Bewertungen lexikalisiert sind, äußerst selten (vgl. dazu Harras et al. 2004, woraus alle Daten dieses Abschnitts entnommen sind): Es gibt lediglich drei Verben, mit denen ein Diskurssituationssprecher eine negative Bewertung zum Ausdruck bringt: *unken, suggerieren, insinuieren* und ein Verb, das eine implizite Bewertung enthält: *warnen*. *unken* lexikalisiert das folgende Konzept:

Propositionaler Gehalt:	zukünftiges Ereignis oder Handlung
Propositionale Einstellung von S:	S hält P für wahrscheinlich S findet P schlecht
Sprecherabsicht:	S will: H erkennt: S hält P für wahrscheinlich S will: H erkennt: S findet P schlecht

Mit *unken* nimmt also ein Sprecher Bezug auf eine Situation, in der der Sprecher etwas – ein Ereignis oder eine Handlung voraussagt – was er schlecht findet; gleichzeitig bringt der Sprecher, der das Verb verwendet, zum Ausdruck, dass er die pessimistische Haltung des Sprechers der Rekurssituation für unangemessen hält. Das Verb kann nicht performativ verwendet werden, mit ihm wird über eine negative Bewertung berichtet und zugleich eine negative Bewertung ausgedrückt.

Die Verben *suggerieren, insinuieren* lexikalisieren hingegen das folgende bewertungsfreie Konzept:

Propositionaler Gehalt:	unbestimmt
Propositionale Einstellung von S:	S kennt P
Sprecherabsicht:	S will: H kennt P

Mit *suggerieren* und *insinuieren* wird auf eine Informationshandlung Bezug genommen, die der Sprecher negativ als nicht offen, strategisch bewertet. Das Verb kann nicht performativ verwendet werden, d.h., mit ihm wird über eine Handlung berichtet und gleichzeitig wird diese negativ bewertet.

warnen lexikalisiert das folgende Konzept:

Propositionaler Gehalt:	zukünftiges Ereignis/Handlung v. H
Propositionale Ein-stellung von S:	S will nicht P
Sprecherabsicht:	S will: H erkennt: S will nicht P
Vorannahmen v. S:	P ist erwartbar
	P ist nicht im Interesse von H

warnen lexikalisiert, wie verschiedentlich betont (vgl. Verschueren 1980; Searle/Vanderveken 1985; Harras 1991), ein Konzept, das sowohl Elemente direktiver Handlungen (Sprechereinstellung) als auch Elemente von Mitteilungshandlungen (Sprecherabsicht) umfasst. Implizit enthält es eine negative Wertung, die sich auf ein erwartbares Ereignis oder eine erwartbare Handlung des Hörers bezieht. Inwieweit diese negative Bewertung eine lexikalische Präsupposition des Verbs *warnen* darstellt, wird im letzten Abschnitt dieses Beitrags erörtert werden. Das gilt auch für alle anderen impliziten Wertungen, die im Folgenden genannt werden.

Insgesamt erhalten wir für die Lexikalisierungen von Bewertungen durch assertive und repräsentative Sprechaktverben das folgende Bild:

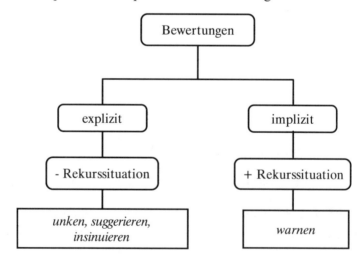

Abbildung 7: Lexikalisierung von Bewertungen durch assertive
und repräsentative Sprechaktverben

5.2   Direktive

Innerhalb der Gruppe der Direktive gibt es kein Verb, das eine explizit positive oder negative Bewertung lexikalisiert, die ein Element der Rekurssituation darstellt. Mit direktiven Sprechaktverben wird auf Situationen Bezug genommen, in denen ein Sprecher zum Ausdruck bringt, dass der Hörer etwas (nicht) tun soll (z.B. *bitten, verbieten*) bzw. Situationen, in denen der Sprecher nicht will, dass der Hörer etwas nicht tut (*erlauben*). Sie lexikalisieren die Einstellung des Sprechers, etwas (eine Handlung des Hörers) (nicht) zu wollen. Wie bereits zu Anfang dieses Beitrags betont wurde, ist einer solchen voluntativen Einstellung eine entsprechende positive oder negative Bewertung vorgängig. Insofern kann man sagen, dass durch direktive Sprechaktverben über die voluntative Einstellung des Rekurssituationssprechers auch Bewertungen lexikalisiert werden.

Zur Gruppe der Direktiven gehören drei Verben, mit denen explizite Bewertungen des Diskurssituationssprechers lexikalisiert werden: *diktieren, zitieren* und *aushorchen* für die spezielle Untergruppe der Frageverben. *diktieren* und *zitieren* lexikalisieren das folgende Konzept:

$$
\left\{
\begin{array}{ll}
\text{Propositionaler Gehalt:} & \text{zukünftige Handlung von H} \\
\\
\text{Propositionale Ein-} & \\
\text{stellung von S:} & \text{S will P} \\
\\
\text{Sprecherabsicht:} & \text{S will: H tut P} \\
\\
\text{Rollenspezifik:} & \text{S ist weisungsbefugt}
\end{array}
\right\}
$$

Der Unterschied zwischen beiden Verben besteht darin, dass der propositionale Gehalt von *zitieren* auf eine ganz spezielle Handlung festgelegt ist, nämlich darauf, sich zu einem ganz bestimmten Ort oder zu einer bestimmten Person zu begeben. Der Diskurssituationssprecher, der die Verben gebraucht, bringt damit eine negative Wertung zum Ausdruck, nämlich dass er das Verhalten des Rekurssituationssprechers, auch wenn er weisungsbefugt ist, für autoritär hält.

Das Verb *aushorchen* lexikalisiert das folgende Konzept:

$$\left\{\begin{array}{ll} \text{Propositionaler Gehalt:} & \text{Fragegehalt P'} \\ & \text{unspezifiziert} \\[1em] \text{Propositionale Ein-} & \text{S hält für wahr: P' ist zu P} \\ \text{stellung:} & \text{ergänzbar} \\[1em] \text{Sprecherabsicht:} & \text{H tut R} \\[1em] \text{Vorannahmen von S:} & \text{H kennt P} \\[1em] \text{Äußerung:} & \text{mehrere Fragen} \end{array}\right\}$$

Die Situation, auf die mit *aushorchen* Bezug genommen wird, ist eine, in der ein Sprecher einem Hörer mehrere Fragen stellt. Der Diskurssituationssprecher drückt mit diesem Verb die negative Bewertung aus, dass er das Fragen des Rekurssituationssprechers für wenig taktvoll oder indiskret hält.

Insgesamt ergibt sich für die Lexikalisierung von Bewertungen durch direktive Sprechaktverben ein ähnliches Bild wie für die Lexikalisierung von Bewertungen durch assertive und repräsentative Sprechaktverben:

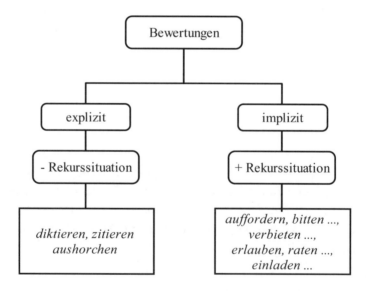

Abbildung 8: Lexikalisierung von Bewertungen durch direktive Sprechaktverben

5.3   Kommissive

Die Gruppe der Kommissiven umfasst alle Verben, mit denen auf Situationen Bezug genommen wird, in denen ein Sprecher zum Ausdruck bringt, dass er etwas (nicht) tun will. Die meisten Verben – wenn sie nicht auf institutionelle Situationen wie Gelöbnisse, Garantien oder offizielle Verpflichtungen referieren – enthalten implizite Bewertungen: mit *versprechen, anbieten, sich erbieten, sich lossagen* wird auf Situationen Bezug genommen, in denen der Sprecher davon ausgeht, dass das, was er (nicht) tun will, im Interesse des Hörers ist. Eine Ausnahme ist *drohen*, das eine negative Bewertung des Rekurssituationssprechers enthält. Auf die Frage, welchen Status die Lexikalisierungen von Elementen der Vorannahmen des Rekurssituationssprechers haben, wird im letzten Abschnitt dieses Beitrags näher eingegangen werden.

5.4   Expressive

Zur Gruppe der expressiven Sprechaktverben zählen alle Prädikate, mit denen auf evaluative und emotive Einstellungen eines Rekurssituationssprechers Bezug genommen wird. Insofern sind sie die natürliche Domäne der Lexikalisierungen von Bewertungen.

Die Verben, mit denen positive Sprechereinstellungen lexikalisiert werden, sind die folgenden:

1)   *gutheißen, begrüßen, bejahen, befürworten, anerkennen*

2)   *loben, huldigen, würdigen, honorieren*

3)   *preisen, rühmen, schwärmen*

Alle diese Verben lexikalisieren das folgende Konzept:

$$
\left\{
\begin{array}{ll}
\text{propositionale Einstellung:} & \text{S findet P gut} \\[2ex]
\text{Sprecherabsicht:} & \text{S will: H erkennt:} \\
& \text{S findet P gut}
\end{array}
\right\}
$$

Sie unterscheiden sich in der Ausprägung des propositionalen Gehalts: für die erste Gruppe gibt es keine Beschränkung des propositionalen Gehalts, für die zweite Gruppe ist der propositionale Gehalt auf eine vergangene Handlung des Hörers oder einer dritten Person und für die dritte Gruppe auf etwas Vergangenes festgelegt, das sowohl ein Zustand als auch eine Ereignis oder eine Handlung sein kann. Es ergibt sich also die folgende Differenzierung:

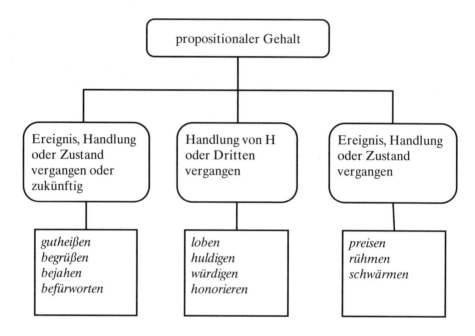

Abbildung 9: Differenzierung des propositionalen Gehalts positiv wertender Expressive

Die Verben, mit denen negative Sprechereinstellungen lexikalisiert werden, sind die folgenden:

1) *tadeln, rügen, rüffeln, kritisieren, beanstanden, bemängeln, monieren, missbilligen, verurteilen, anprangern*

2) *vorwerfen, vorhalten, zurechtweisen*

3) *meckern, mosern, nörgeln, murren, mäkeln, granteln*

4) *diffamieren, diskreditieren, verunglimpfen, verleumden, schmähen, anschwärzen, diskriminieren, herabwürdigen, herabsetzen, beleidigen, kompromittieren, bloßstellen, blamieren*

Alle diese Verben lexikalisieren das folgende allgemeine Konzept:

{ propositionale Einstellung: S findet P schlecht

   Sprecherabsicht: S will: H erkennt:

                                   S findet P schlecht }

Die Verben unterscheiden sich in der Ausprägung des propositionalen Gehalts sowie für die letzte Gruppe in der Sprecherabsicht: für die dritte Gruppe gibt es keine Beschränkung des propositionalen Gehalts, für die erste und die vierte Gruppe ist der propositionale Gehalt auf eine vergangene Handlung des Hörers oder einer dritten Person festgelegt, für die zweite Gruppe ist der propositionale Gehalt auf eine vergangene Handlung des Hörers festgelegt, und für die vierte Gruppe, die nur resultative Verben enthält gilt zusätzlich, dass die Sprecherabsicht auf eine Herabsetzung des sozialen Ansehens des Hörers oder einer dritten Person festgelegt ist. Es ergibt sich also die folgende Differenzierung (vgl. Abb. 10):

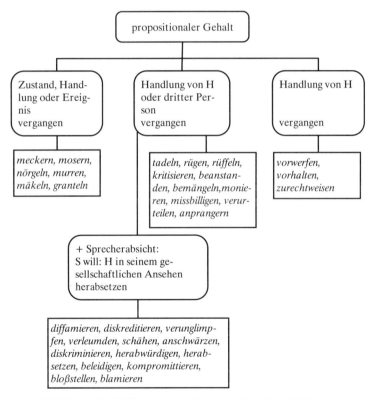

Abbildung 10: Differenzierung des propositionalen Gehalts der negativ bewertenden Expressive

Es bedarf nun keinerlei Statistik: Man sieht auf den ersten Blick, dass die Lexikalisierungen von negativen Sprechereinstellungen überwiegen, und zwar besonders solche, die sich auf Handlungen des Hörers oder einer dritten Person beziehen. Dies ist auch bei den Ausdrücken der Fall, mit denen ein Diskurssituationssprecher eine Bewertung ausdrückt. Bevor ich darauf näher eingehe, möchte ich noch auf zwei Gruppen von expressiven Sprechaktverben eingehen, die bereits in den siebziger Jahren Gegenstand von semantisch-syntaktischen Analysen waren, nämlich *beschuldigen, bezichtigen, zeihen* (engl. *accuse*) und *rechtfertigen, sich rechtfertigen* (engl. *justify*) (vgl. Fillmore 1973; Lakoff 1973; Wunderlich 1973).

Beschuldigen, bezichtigen, zeihen werden mit Bezug auf Situationen verwendet, in denen ein Sprecher zum Ausdruck bringt, dass er es für wahr hält, dass der Hörer oder eine dritte Person für eine Handlung verantwortlich ist, von der er annimmt, dass sie als schlecht gilt. Es wird also das folgende Konzept lexikalisiert:

propositionaler Gehalt:	vergangene Handlung von H oder einer dritten Person
propositionale Einstellung:	S hält für wahr: H oder dritte Person ist verantwortlich für P
Sprecherabsicht:	S will: H erkennt: S hält für wahr: H oder dritte Person ist verantwortlich für P
Vorannahmen von S:	P gilt als schlecht

Die Verben *beschuldigen, bezichtigen, zeihen* sind keine reinen Expressive. Sie haben sowohl Eigenschaften von Assertiven (Ausprägung der propositionalen Einstellung und der Sprecherabsicht) als auch Eigenschaften von Expressiven (Vorannahmen von S).

Mit den Verben *rechtfertigen, sich rechtfertig*en wird supponiert, was mit *beschuldigen* und seinen Synonymen präsupponiert wird und umgekehrt wird mit *rechtfertigen* präsupponiert, was mit *beschuldigen* supponiert wird. Wir haben also für *rechtfertigen, sich rechtfertigen* das folgende Konzept (vgl. folgende Grafik):

propositionaler Gehalt:	vergangene Handlung von S oder dritter Person
propositionale Einstellung:	S findet P angemessen
Sprecherabsicht:	S will: H erkennt: S findet P angemessen
Vorannahmen von S:	S oder dritte Person ist verantwortlich für P P gilt als schlecht

rechtfertigen und das Reflexiv *sich rechtfertigen* unterscheiden sich durch die Spezifizierung des propositionalen Gehalts: im Fall von *rechtfertigen* ist dieser auf eine vergangene Handlung des Sprechers oder einer dritten Person festgelegt, im Fall von *sich rechtfertigen* ist er auf eine vergangene Handlung des Sprechers beschränkt.

Es ist bereits darauf hingewiesen worden, dass es bei den Lexikalisierungen von bewertenden Einstellungen des Diskurssituationssprechers überhaupt nur den Wert negativ gibt. Wir haben bei den Repräsentativen und Direktiven bereits die folgenden Sprechaktverben aufgeführt, mit denen negative Einstellungen eines Diskurssituationssprechers lexikalisiert werden:

für die Assertiven und Repräsentativen: *unken, suggerieren, insinuieren*

für die Direktiven: *diktieren, zitieren, aushorchen*

In der Gruppe der expressiven Sprechaktprädikate gibt es zusätzlich die folgenden Verben, mit denen Bewertungen eines Diskurssituationssprechers lexikalisiert werden:

1) *beschönigen, schönreden, schönfärben*

2) *verklären*

3) *angeben, prahlen, protzen, aufschneiden, sich brüsten*

4) *schmeicheln*

5) *diffamieren, diskreditieren, diskriminieren*

Die Verben der ersten Gruppe lexikalisieren das folgende Konzept:

$$\left\{\begin{array}{ll} \text{propositionaler Gehalt:} & \text{vergangene Handlung oder} \\ & \text{Resultat einer Handlung einer} \\ & \text{beliebigen Person} \\[1em] \text{propositionale Einstellung:} & \text{keine} \\[1em] \text{Sprecherabsicht:} & \text{S will: H findet P eher gut} \\[1em] \text{Vorannahmen von S:} & \text{H findet P schlecht} \end{array}\right\}$$

Der Sprecher, der die Verben *beschönigen, schönreden, schönfärben* verwendet, bringt zum Ausdruck, dass er die positive Darstellung des Sprechers der Rekurssituation für unangemessen hält.

Mit dem Verb *verklären*, das die zweite Gruppe darstellt, wird das folgende Konzept lexikalisiert:

$$\left\{\begin{array}{ll} \text{propositionaler Gehalt:} & \text{unspezifiziert} \\[1em] \text{propositionale Einstellung:} & \text{S findet P besonders gut} \\[1em] \text{Sprecherabsicht:} & \text{S will: H erkennt:} \\ & \text{S findet P besonders gut} \end{array}\right\}$$

Der Diskurssituationssprecher bewertet die positive Bewertung des Rekurssituationssprechers negativ.

Die Verben der dritten Gruppe, *angeben, prahlen, protzen, aufschneiden, sich brüsten* lexikalisieren das folgende Konzept:

$$\left\{\begin{array}{ll} \text{propositionaler Gehalt:} & \text{vergangene Handlung oder} \\ & \text{Zustand von H} \\[1em] \text{propositionale Einstellung:} & \text{S findet P gut} \\[1em] \text{Sprecherabsicht:} & \text{S will: H erkennt: S findet P gut} \\ & \text{S will: H findet P gut} \end{array}\right\}$$

Das lexikalisierte Konzept des Verbs *angeben* und seiner Synonyme ist ein Selbstlob des Rekurssituationssprechers. Der Diskurssituationssprecher drückt mit der Verwendung dieser Verben aus, dass er dieses Selbstlob für übertrieben oder unangemessen hält. Im Übrigen sei noch angemerkt, dass alle Angebens-Verben hybrid sind, d.h., mit ihnen kann auch auf nicht sprachliche Handlungen Bezug genommen werden.

Mit dem Verb *schmeicheln*, das die vierte Gruppe darstellt, wird das folgende Konzept lexikalisiert:

$$
\left\{
\begin{array}{ll}
\text{propositionaler Gehalt:} & \text{vergangene Handlung oder} \\
 & \text{Eigenschaft von H} \\[6pt]
\text{propositionale Einstellung:} & \text{keine} \\[6pt]
\text{Sprecherabsicht:} & \text{S will: H erkennt: S findet P gut} \\
 & \text{S will: H findet P gut}
\end{array}
\right.
$$

Das Verb lexikalisiert ein Lob des Rekurssituationssprechers, das der Diskurssituationssprecher für übertrieben und für strategisch hält.

Die Verben der fünften Gruppe *diffamieren, diskreditieren, diskriminieren* lexikalisieren das folgende Konzept:

$$
\left\{
\begin{array}{ll}
\text{propositionaler Gehalt:} & \text{vergangene Handlung oder} \\
 & \text{Eigenschaft von H} \\[6pt]
\text{propositionale Einstellung:} & \text{S findet P schlecht} \\[6pt]
\text{Sprecherabsicht:} & \text{S will: H erkennt: S findet P schlecht} \\
 & \text{S will: H in seinem gesellschaftlichen} \\
 & \text{Ansehen herabsetzen}
\end{array}
\right.
$$

Der Diskurssituationssprecher drückt mit der Verwendung der entsprechenden Verben eine Missbilligung des Verhaltens des Rekussituationssprechers aus.

Wenn wir jetzt alle Verben, mit denen Wertungen eines Diskurssituationssprechers zum Ausdruck gebracht werden können, Revue passieren lassen, fällt auf, dass sie samt und sonders Ausdrücke von negativen Bewertungen darstellen. Die Handlungen, auf die Bezug genommen wird, können selbst neutral (d.h. ohne jegliche Wertung), positiv (d.h. mit positiver Wertung des Rekurssituationssprechers) oder negativ (d.h. mit negativer Wertung des Rekurssituationssprechers) sein. Insgesamt ergibt sich die folgende Verteilung für die Lexikalisierung von Diskurssituationssprecherbewertungen:

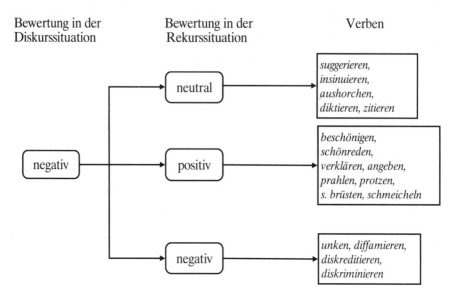

Abbildung 11: Domänen der Bewertung des Diskurssituationssprechers

Zu den Expressiven gehören auch Prädikate, mit denen auf Situationen Bezug genommen wird, in denen ein Sprecher eine emotive Einstellung zum Ausdruck bringt. Lexikalisiert sind:

    Freude   –   Ärger   –   Leid

Freude und Ärger sind mit billigenden und missbilligenden Haltungen notwendig verknüpft: Freude geht mit einer billigenden Haltung einher, Ärger mit einer missbilligenden. Ähnliches lässt sich von der emotiven Einstellung des Leids nicht behaupten: Leid (oder auch Trauer) sind nicht notwendigerweise mit einer negativen Einstellung verknüpft. Eine triftige Begründung für diese Behauptung würde weit in das Reich der spekulativen Psychologie führen. Konzentrieren wir uns deswegen auf die Lexikalisierungen der emotiven Einstellungen der Freude und des Ärgers, wobei *danken* und *gratulieren* oder *kondolieren*, mit denen zwar Freude bzw. Leid zum Ausdruck gebracht wird, die aber eher gesellschaftliche Rituale lexikalisieren, nicht näher betrachtet werden sollen.

Die Gruppe der Verben, mit denen die emotive Einstellung der Freude lexikalisiert ist, umfasst *jubeln, jubilieren, frohlocken, jauchzen*. Sie lexikalisieren das folgende Konzept:

$$
\left\{
\begin{array}{ll}
\text{propositionaler Gehalt:} & \text{Zustand, Ereignis, Handlung} \\
& \text{in der Vergangenheit} \\
\\
\text{propositionale Einstellung:} & \text{S empfindet: Freude wegen P} \\
\\
\text{Sprecherabsicht:} & \text{S will: H erkennt: S empfindet} \\
& \text{Freude wegen P} \\
\\
\text{Modus des Äußerns:} & \text{nachdrücklich, emphatisch}
\end{array}
\right\}
$$

Von den aufgeführten Verben gehören die meisten einer besonderen, gehobenen oder domänenspezifischen (z.B. literarisch, liturgisch) Stilschicht an; lediglich *jubeln* ist diesbezüglich neutral.

Die Gruppe der Verben, mit denen die emotive Einstellung des Ärgers lexikalisiert wird, umfasst *poltern, schimpfen, schelten, fluchen, verfluchen, wettern,* g*eifern, giften* sowie die präfigierten Formen wie *be-, an-, ausschimpfen, anfauchen, angiften, anherrschen, anscheißen, anschnauzen, ausschelten*. Sie lexikalisieren das folgende Konzept:

$$
\left\{
\begin{array}{ll}
\text{propositionaler Gehalt} & \text{Zustand, Ereignis, Handlung in} \\
& \text{der Vergangenheit oder} \\
& \text{vergangene Handlung von H} \\
\\
\text{propositionale Einstellung:} & \text{S empfindet: Ärger wegen P} \\
\\
\text{Sprecherabsicht:} & \text{S will: H erkennt: S empfindet} \\
& \text{Ärger wegen P} \\
\\
\text{Modus des Äußerns:} & \text{nachdrücklich, emphatisch}
\end{array}
\right\}
$$

Die einfachen, unpräfigierten Verben haben für den propositionalen Gehalt nur die Beschränkung 'Vergangenheit', während für alle präfigierten Verben die Beschränkung des propositionalen Gehalts auf eine vergangene Handlung des Hörers gilt.

Auch für die Lexikalisierungen emotiver Einstellungen ergibt sich, dass die Emotion des Ärgers, die mit einer negativen Einstellung verknüpft ist, häufiger lexikalisiert ist als die Emotion der Freude, die mit einer positiven Einstellung verknüpft ist.

Wenn wir jetzt noch ein statistisches Fazit ziehen, kommen wir zu folgendem Ergebnis:

– Bei den Verben, die evaluative und emotive Einstellungen des Rekurssituationssprechers lexikalisieren, stehen 12 Ausdrücken, mit denen positive Einstellungen lexikalisiert werden, 34 Ausdrücke gegenüber, mit denen negative Einstellungen lexikalisiert werden.

– Alle 19 Ausdrücke, mit denen ein Diskurssituationssprecher Wertungen zum Ausdruck bringt, lexikalisieren negative Einstellungen.

Eine pragmatische Erklärung dieses Befundes liegt auf der Hand: offenbar wird in unserer Gesellschaft (negativ) abweichendes, bzw. markiertes Verhalten häufiger zur Sprache gebracht als positives (vgl. dazu auch Proost 2004). Für eine andere Erklärung kann man auf die Hypothese des kognitiven Aufwands bei der Begründung positiver Werturteile zurückgreifen. In der Auseinandersetzung mit den Überlegungen von Philippa Foot (2004) (vgl. Kap. 4.) war auf Thomas von Aquin hingewiesen worden, der auf die Asymmetrie von gut und schlecht aufmerksam gemacht hat: Ein einziger Defekt genügt zur Begründung dafür, dass man sagen kann; etwas sei schlecht, z.B. ist ein Haus schlecht, wenn es feuchte Wände hat, ein Mensch, der immer lügt, ist ein moralisch schlechter Mensch. Für die Begründung eines positiven Werturteils reicht hingegen die Angabe einer einzigen guten Eigenschaft nicht aus: Ein Haus, das trockene Wände hat, ist nicht schon deswegen ein gutes Haus, weil es trockene Wände hat, ebenso wenig wie ein Mensch, der immer die Wahrheit sagt, deswegen allein schon ein moralisch guter Mensch ist. Da nun Sprache in jeder Beziehung ökonomisch ist, werden positive Urteile seltener gefällt als negative, ganz einfach weil letztere ökonomischer und das heißt mit weniger kognitivem Aufwand zu begründen sind.

6.   Implizite Bewertungen – Präsuppositionen oder generalisierte Implikaturen?

Implizite Bewertungen sind Elemente der Vorannahmen, die zu dem Akt gehören, auf den mit einem entsprechenden Verb Bezug genommen wird. Beispiele sind *warnen* oder *versprechen*: Zu den Vorannahmen des Sprechakts WARNEN, auf den mit dem Verb *warnen* Bezug genommen wird, gehört die Vorannahme des Rekurssituationssprechers 'P ist nicht im Interesse von H', und zu den Vorannahmen des Sprechakts VERSPRECHEN, auf den mit dem Verb *versprechen* Bezug genommen wird, gehört die Vorannahme des Rekurssituationssprechers 'P ist im Interesse von H'.

Es liegt nun nahe, diejenigen Bewertungen, die zu den Vorannahmen (engl. 'presuppositions') des Rekurssituationssprechers gehören, als lexikalische Präsuppositionen aufzufassen. Nehmen wir zunächst ein bekanntes Beispiel für eine lexikalische Präsuppositon:

(13)   Anton hat aufgehört zu rauchen

Der Satz ist nur dann als wahr oder falsch zu beurteilen, wenn die Proposition 'Anton hat bis zu einem bestimmten Zeitpunkt vor der Äußerung geraucht' wahr ist. Lexikalische Präsuppositionen sind wahrheitswertrelevant, aber nicht wahrheitswertbestimmend, d.h., die Bedingung der präsupponierten Proposition muss erfüllt sein, damit einer Äußerung, die diese Proposition enthält, überhaupt ein Wahrheitswert, ob wahr oder falsch, zugesprochen werden kann (vgl. dazu auch Kadmon 2001; Pasch et al. 2003). Dies gilt auch für die entsprechenden negierten Sätze oder für komplexe Konstruktionen, vgl.:

(14)   Anton hat nicht aufgehört zu rauchen
(15)   Wenn Anton aufgehört hätte zu rauchen, würde er sehr viel Geld sparen

Für (14) wie für (15) gilt die Bedingung, dass die Proposition 'Anton hat bis zu einem bestimmten Zeitpunkt vor der Äußerung geraucht' wahr sein muss, damit die Wahrheitswerte von (14) und (15) bestimmt werden können.

Betrachten wir jetzt die beiden Ausdrücke *warnen* und *versprechen*:

(16)   Anton hat Fritz vor dem Unwetter gewarnt
(17)   Anton hat Fritz nicht vor dem Unwetter gewarnt
(18)   Wenn Anton Fritz vor dem Unwetter gewarnt hätte, würden die Apfelbäume in Fritzens Garten noch stehen

(19)   Anton hat Fritz davor gewarnt, aufs Eis zu gehen
(20)   Anton hat Fritz nicht davor gewarnt, aufs Eis zu gehen
(21)   Wenn Anton Fritz davor gewarnt hätte, aufs Eis zu gehen, würde Fritz jetzt nicht im Krankenhaus liegen

(22) Anton hat Fritz versprochen, ihn zur Party einzuladen

(23) Anton hat Fritz nicht versprochen, ihn zur Party einzuladen

(24) Wenn Anton Fritz versprochen hätte, ihn zur Party einzuladen, wäre Otto sehr empört gewesen

Mit den Sätzen (16) bis (18) wird präsupponiert, dass es vor dem Äußerungszeitpunkt ein Unwetter gegeben hat, d.h., es liegt eine Existenzpräsupposition vor. Diese wird durch die definite Nominalphrase, die in der jeweiligen Präpositionalphrase enthalten ist, aber nicht von dem Verb *warnen* selbst ausgelöst oder getriggert. Für die Beantwortung der Frage, ob implizite Bewertungen als Elemente der Vorannahmen des Rekurssituationssprechers lexikalische Präsuppositionen darstellen, taugen die Beispiele also nicht.

Auf eine besondere Eigenschaft von Sprechaktverben hat bereits Karttunen (1973) aufmerksam gemacht (vgl. auch Pasch et al. 2003), und ich habe im Zusammenhang mit der Unterscheidung von Bewertungsausdruck und Bewertungsbericht darauf hingewiesen, dass der Sprecher der Diskurssituation nicht notwendigerweise die Bewertungen und Annahmen des Sprechers der Rekurssituation übernehmen muss, dass es also einen de dicto- und einen de re-Gebrauch dieser Verben gibt (vgl. S. 101-103.). Für die Gültigkeit von Präsuppositionen heißt dies, dass Sprechaktverben Prädikate darstellen, die alle Präsuppositionen ihres Komplementsatzes blockieren, vgl.:

(25) Anton hat Fritz versprochen, ihn dem König von Frankreich vorzustellen
    (präsupponiert nicht, dass es einen König gibt)

(26) Anna beschuldigt Fritz, seine Frau zu schlagen
    (präsupponiert nicht, dass Fritz eine Frau hat)

(27) Anna bat Fritz, sie noch mal zu küssen
    (präsupponiert nicht, dass Fritz Anna schon früher geküsst hat)

Aber auch diese spezielle Eigenschaft von Sprechaktverben insgesamt gibt uns keinen Aufschluss darüber, ob Bewertungen als Elemente von Vorannahmen eines Rekurssituationssprechers im gleichen Sinn Präsuppositonen darstellen wie im Fall von *aufhören* die Proposition 'A hat vor dem Äußerungszeitpunkt ge-x-t'. Natürlich hängt die Lösung des Problems wesentlich von der Definition dessen ab, was man unter Präsupposition verstehen will. Eine präsupponierte Proposition – darüber besteht Konsens – ist qua Charakterisierung ein Sachverhalt, der nicht behauptet, nicht direkt gesagt, d.h. impliziert ist. Im Anschluss an Grice (1989) wird häufig unterschieden zwischen zwei Arten von Implikationen (vgl. Chierchia/McConnell-Ginet 1990; Kadmon 2001; Levinson 2001):

- Konventionale Implikationen, die durch grammatische und logische Eigenschaften bestimmt sind.

- Konversationale Implikationen, Implikaturen, die zusätzliche nichtsprachliche Prämissen über rationale Kommunikation oder Annahmen über die Welt erfordern.

Zu den konversationalen Implikationen gehören Implikaturen, die durch skalare Ausdrücke wie *einige* getriggert werden als 'nicht alle' oder Äußerungen der Form *X ist a* mit *a* als einem Farbprädikat als 'X ist ausschließlich a'. Solche Implikaturen werden im Unterschied zu Fällen des ironischen oder tautologischen Sprechens, als generalisierte Implikaturen bezeichnet. Die Proposition, die durch eine generalisierte Implikatur erzeugt wird, hat den Status einer Präsumption, d.h., sie gilt als wahr solange, bis das Gegenteil erwiesen ist (vgl. dazu Scholz 1999; Levinson 2001; Harras 2004): Insgesamt transportiert eine Äußerung die folgenden direkt gesagten und implizierten Informationen (vgl. Levinson 2001, S. 13); vgl. Abb.12:

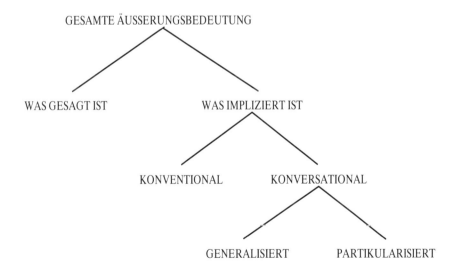

Abbildung 12: Gesamtbedeutung einer Äußerung

Es ist verschiedentlich versucht worden, das Konzept der Präsuppositon zu vereinheitlichen und die Unterscheidung konventionale vs. konversationale Implikation aufzuheben, um eine rein pragmatische, kontextbestimmte Definition vorzuschlagen (vgl. Stalnaker 1974; Chierchia/McConnell-Ginet 1990; Kadmon 2001). Ich denke, dass durch eine solche Vereinheitlichung das Merkmal der Wahrheitswertrelevanz von konventionalen Implikationen wie Existenzpräsuppositionen oder auch lexikalischen Präsuppositionen wie in *aufhören* zu Unrecht vernachlässigt wird. Es macht eben einen Unterschied, ob eine Proposition als wahr gelten muss, damit die Gesamtäußerung bezüglich ihres Wahr- oder Falschseins überhaupt erst beurteilt werden kann oder ob eine Proposition als lediglich für selbstverständlich gehalten („taken for granted") wird (vgl. dazu van der Sandt 1988; Pasch et al. 2003). Kadmon (2001) unterscheidet allerdings konventionale von konversationalen Auslösern von Präsuppositionen („presupposition triggering"), z.B. werden Existenzpräsuppositionen und die meisten lexikalischen Präsuppositionen von faktiven Verben z.B. konventional getriggert, während dies für ein Verb wie *to promise* nicht gilt:

(28)　　Sue promised John an official invitation

kann konversational implizieren:

(29)　　John wanted an official invitation

muss dies aber nicht, wobei (29) eine Umschreibung der Bewertung 'P ist im Interesse von H' darstellt. Kadmon demonstriert dies an den folgenden Kontexten, die keine Widersprüche zu der initialen Äußerung darstellen (vgl. Kadmon 2001, S. 210):

(30)　　Sue promised John an official invitation. That was a nice gesture, perhaps, but it didn't really do him much good, since he never wanted an official invitation

(31)　　Sue promised John an official invitation. All she really meant was to annoy him, though; she knew very well that he didn't want to be invited

Die konversationale Implikatur (29) gilt unter der folgenden Prämisse (vgl. Kadmon 2001, S. 215): „People perform speech-acts only if they take it for granted that their preparatory conditions hold." Mit dieser Bedingung wird allerdings auf die pragmatische Ebene gewechselt, d.h. auf die Ebene der Ausführung einer Handlung, für die – und dies wird mit der zitierten Prämisse formuliert – Wahrhaftigkeit gefordert wird. Ob dies aber für die Verwendung der entsprechenden Verben mit Bezug auf Sprechereinstellungen wie 'Wahrhaftigkeit' oder 'Ernsthaftigkeit' gilt, ist fraglich. M.E. werden die Searleschen Aktbedingungen wie Wahrhaftigkeit und Ernsthaftigkeit durch Sprechaktverben überhaupt nicht lexikalisiert. Äußerungen wie die folgenden sind keineswegs merkwürdig, vgl.:

(32)   Anton hat Fritz aufrichtig versprochen, ihm beim Umzug zu helfen

(33)   Anton hat Fritz ernsthaft versprochen, ihm beim Umzug zu helfen

Dieser Einwand ändert allerdings nichts am Ergebnis unserer Überlegungen: Bewertungen als Elemente der Vorannahmen des Rekurssituationssprechers können als präsumptive Annahmen durch Äußerungen impliziert sein, die die entsprechenden Verben wie *versprechen* oder *warnen* enthalten. Sie sind nicht wahrheitswertrelevant und können als generalisierte Implikaturen gelten.

Literatur

Ayer, Arthur J. (1970): Sprache, Wahrheit und Logik. Stuttgart.

Chierchia, Gennaro/McConnell-Ginet, Sally (1990): Meaning and Grammar. Cambridge, MA.

Fillmore, Charles J. (1973): Verbs of Judging: an Exercise in Semantic Description. In: Petöfi/Franck (Hg.), S. 261-314.

Foot, Philippa (2004): Die Natur des Guten. Frankfurt a.M.

Geach, Peter (1956): Good and Evil. In: Analysis 17, S. 35-42.

Gibbard, Anthony (1990): Wise Choices, Apt Feelings. Cambridge, MA.

Grice, Herbert P. (1989): Logic and Conversation. In: Grice, Herbert P. (Hg.): Studies in the Way of Words. Cambridge, MA. S. 22-40.

Hare, Richard (1972): Die Sprache der Moral. Frankfurt a.M.

Hare, Richard (1983): Freiheit und Vernunft. Frankfurt a.M.

Harras, Gisela (1991): Zugänge zu Wortbedeutungen. In: Harras, Gisela/Haß, Ulrike/ Strauß, Gerhard: Wortbedeutungen und ihre Darstellung im Wörterbuch. Berlin. S. 3-96.

Harras, Gisela (2004): Auf dem Weg zu einer einheitlichen Theorie des indirekten Sprechens. In: Fohrmann, Jürgen (Hg.): Rhetorik – Figuration und Performanz. DFG-Symposion 2002. Stuttgart. S. 219-245.

Harras, Gisela/Winkler, Edeltraud/Erb, Sabine/Proost, Kristel (2004): Handbuch deutscher Kommunikationsverben. Berlin.

Kadmon, Nirit (2001): Formal Pragmatics. Oxford.

Karttunen, Lauri (1973): Presuppositions of Compound Sentences. In: Linguistic Inquiry IV, 2, S. 163-193.

Lakoff, George (1973): The Role of Deduction in Grammar. In: Petöfi/Franck (Hg.), S. 355-364.

Levinson, Stephen (2001): Presumptive Meanings. Cambridge, MA.

Moore, George E. (1970): Principia Ethica. Stuttgart.

Pasch, Renate/Brauße, Ursula/Breindl, Eva/Waßner, Ulrich (2003): Handbuch der deutschen Konnektoren. Berlin.

Petöfi, Janos S./Franck, Dorothea (Hg.) (1973): Präsuppositionen in Philosophie und Linguistik. Frankfurt a.M.

Proost, Kristel (2004): The Lexicalisation of Communicative Concepts in German, English and Dutch. Diss. Univ. Mannheim.

Sandt, Rob van der (1988): Context and Presupposition. London.

Scholz, Oliver (1999): Verstehen und Rationalität. Frankfurt a.M.

Stalnaker, Robert C. (1974): Pragmatic Presuppositions. In: Munitz, Milton K./ Unger, Peter K. (Hg.): Semantics and Philosophy. New York. S. 197-214.

Stevenson, Charles L. (1945): Ethics and Language. New Haven, CT.

Verschueren, Jef (1980): On Speech Act Verbs. Amsterdam.

Von Wright, Georg H. (1977): Handlung, Norm und Intention. Berlin.

Wunderlich, Dieter (1973): Präsuppositionen in der Linguistik. In: Petöfi/Franck (Hg.), S. 467-484.

Zillig, Werner (1981): Bewerten. Sprechakttypen und bewertende Rede. Tübingen.

Daniel Glatz

Funktionsverbgefüge – semantische Doubletten von einfachen Verben oder mehr?

1. Einleitung

Der vorliegende Beitrag beschäftigt sich mit ausgewählten Eigenschaften einer Gruppe von Syntagmen, die in der deutschsprachigen Literatur meist unter dem Stichwort „Funktionsverbgefüge" (im Folgenden: FVG) diskutiert werden. Der Hauptakzent liegt auf Konstruktionen, die sich mit einfachen Lexikalisierungen kommunikativer Konzepte (wie z.B. *fragen – eine Frage stellen*) paaren lassen, wobei die einfachen Lexikalisierungen nicht notwendigerweise mit dem nominalen Bestandteil des FVGs stammverwandt sein müssen. Anhand solcher Paare soll untersucht werden, welche funktionellen Unterschiede zwischen diesen beiden konkurrierenden Gebrauchsmöglichkeiten bestehen; insbesondere werden die ereignisstrukturellen Eigenschaften näher beleuchtet werden.

Unter den Terminus *Funktionsverbgefüge* wird eine Menge von Bildungen gefasst, die recht unterschiedliche Eigenschaften zeigen. Betrachtet man die vorliegende Literatur, so muss man sehr schnell feststellen, dass es keine konzise Definition des Konstruktes „Funktionsverbgefüge" gibt. (Für Definitionsversuche vgl. v. Polenz 1963, S. 11). Man ist sich nur darüber einig, dass FVG formal komplexe, mehr oder weniger feste Prädikatsausdrücke darstellen, die eine nominale Konstituente aufweisen und die im Übergangsbereich zwischen Syntax und Lexikon anzusiedeln sind. Die verbalen Konstituenten der FVG seien dabei semantisch reduziert und übernähmen zum einen hauptsächlich grammatische Funktion (Finitheits- und Kongruenzmerkmale) sowie zum anderen die Markierung von Genus verbi (inkl. Kausativität) und Aktionsart, während die nominalen Konstituenten den 'konzeptuellen Gehalt' transportierten.

Als Charakteristikum dieser verbonominalen Bildungen wird häufig genannt, dass sie semantisch mit einfachen Lexikalisierungen konkurrieren, zu denen die nominale Konstituente des FVGs in einem Ableitungsverhältnis steht, z.B. *fragen* vs. *eine Frage stellen, zur Darstellung bringen* vs. *darstellen*. Teilweise wird dies auch zu einem Definitionskriterium gemacht. Wir werden später sehen, dass das nicht sinnvoll ist.

Als Ausgangspunkt soll zunächst die folgende Gegenstandsbestimmung dienen:

> Funktionsverbgefüge sind komplexe Prädikate, deren verbale Bestandteile nicht den Status von Vollverben haben. Diese treten nur auf mit nominalen Bestandteilen, die prädizierende Funktion haben. Diese nominalen Bestandteile besitzen nicht den Status von Komplementen. (vgl. Detges 1996, S. 19)

Um eine Klärung zu erreichen, werden wir die einzelnen den Funktionsgefügen zugeschriebene Eigenschaften etwas näher zu betrachten haben. Dabei stellen sich vor allem die folgenden Fragen (vgl. auch Allerton 2002, S. 16.):

— Welche grammatische Rolle spielt der nominale Bestandteil der Gesamtkonstruktion?

— Gibt es Regularitäten für die Selektion des Verbs, das als verbaler Bestandteil fungieren kann?

— Welche Präpositionen werden warum in Funktions-Präpositionalphrasen (PPn) gewählt?

— Wie lassen sich hinsichtlich dieser Kriterien andere verbonominale Konstruktionen abgrenzen?

— Was sind die semantischen Unterschiede zwischen den einzelnen Konstruktionen und durch welche Regularitäten lassen sie sich erklären?

Obwohl wir hier nicht alle diese Fragen behandeln können und uns im Wesentlichen auf den letzten Punkt konzentrieren werden, muss im Vorfeld eine ganze Reihe von Fragen morphosyntaktischer Art behandelt werden, um eine sinnvolle Strukturierung des Gegenstandsbereich zu erreichen.

2.   Zur Eingrenzung des Gegenstandsbereiches

2.1   Klassifikationsversuche

Die hier betrachteten verbonominalen Bildungen zeigen eine beträchtliche Vielfalt grammatischer Strukturen, und dementsprechend existiert eine größere Anzahl konkurrierender Klassifikationsversuche, die im Allgemeinen auf morphosyntaktische Eigenschaften rekurrieren. So werden zum Beispiel von v. Polenz (1987) formal drei Hauptgruppen von FVGn unterschieden:

1.   P (+ Artikel) + N + transitives Verb

(1)   *zur Sprache bringen*

(2)   *in Bewegung bringen*

   2.   P (+ Artikel) + N + intransitives Verb

(3)   *zur Sprache kommen*

(4)   *in Bewegung kommen*

   3.   (Artikel) + Nomen im Akkusativ + transitives Verb

(5)   *Ausdruck finden*

(6)   *das/ein Versprechen geben*

Allerdings ist ein solcher Klassifikationsversuch, der schon erkennen lässt, dass es sich um einen syntaktisch heterogenen Konstruktionstyp handelt, aus mehreren Gründen ungenügend: (a) weil einige Bildungen, die man u.U. zu den FVGn rechnen möchte oder die zumindest nicht durch eine Kategoriengrenze von diesen Bildungen getrennt zu sein scheinen, nicht erfasst werden (z.B. *der Kontrolle unterliegen*) und (b) weil, neben der Unvollständigkeit der Parameter, nicht klar ist, welchen relativen Stellenwert die einzelnen Kriterien haben (z.B. Transitivität des Verbs, Vorhandensein einer Präposition, Determination usw.) und wie diese Kriterien als Definitionskriterien derartiger verbonominaler Konstruktionen dienen könnten (zur Hierarchisierung der Kriterien vgl. Detges 1996, S. 16f.).

Mir scheint es deshalb methodologisch sinnvoller zu sein, zunächst eine umfangreichere Liste von Eigenschaften heranzuziehen, um kumulativ bestimmte Cluster zu ermitteln. Dabei sind die folgenden Klassifikationskriterien interessant (vgl. auch die Übersicht bei Kuhn 1994, S. 29):

– Aktionsart

   (7)   a. *zur Diskussion stellen*

           b. *zur Diskussion stehen*

– Kausation:

   (8)   *zur Sprache bringen*

– Funktionsnomen mit Präposition:

   (9)   *in Kenntnis setzen*

– Funktionsnomen im Akkusativ:

   (10) a. *Anwendung finden*

          b. *Kritik üben*

– Funktionsnomen im Nominativ:

   (11) *Zwischen den Delegierten besteht keine Überreinstimmung*

– Funktionsnomen im Dativ:

   (12)   *der Kontrolle unterliegen*

– Funktionsnomen im Genitiv

   (13)   a. *einer (genaueren) Untersuchung bedürfen*

   b. *der Meinung/der Auffassung sein*

– Artikelgebrauch: artikellos, definiter vs. indefiniter Artikel, klitisierter Artikel

– Argumentstruktur: aktivisch vs. passivisch

   (14)   a. *zur Darstellung bringen*

   b. *zur Darstellung kommen*

– Referenzfähigkeit und Attribuierbarkeit

Was den morphologischen Status der nominalen Elemente betrifft, so findet man auch hier einige Varianz bei den Bildungen, die der Gruppe der Funktionsverbgefüge zugerechnet werden. Von So (1991, S. 29) werden etwa die folgenden Bildungsarten von Funktionsnomen aufgezählt, die für entsprechende verbale Bildungen möglich sind:

1.   Konversion

(15)   *zum Sprechen bringen*

2.   Implizite Ableitung

(16)   *zum Ausdruck bringen*

3.   (a) Ableitung auf *-ung*

(17)   *zur Darstellung bringen*

3.   (b) Ableitung auf *-keit*

(18)   *in Abhängigkeit geraten*

3.   (c) Ableitung auf *-nis*

(19)   *in Kenntnis setzen*

In manchen Fällen ist allerdings kein Verb vorhanden, zu dem eine irgendwie geartete Ableitungsbeziehung besteht.

Ein entscheidender Punkt, der die Spezifizität der FVG gegenüber freien Verbindungen kennzeichnen soll, ist die 'Einheit' dieser Bildungen, die sich zuerst morphosyntaktisch ausprägt (d.h. durch das Maß an Kohäsion, das zwischen den Elementen besteht), sich aber auch in ihrer semantischen 'Einheit' ('Inhaltseinheit') widerspiegeln soll. Dabei ist allerdings keineswegs klar, wie sich diese 'semantische Einheit' näher spezifizieren ließe. Oft wird dabei auf eine einfache Lexikalisierung verwiesen, zu der das 'Funktionsgefüge' in einer Art Paraphrasenbeziehung stehe. Dies spiegelt sich etwa in der von Herrmann-Dresel (1987) für das Russische und Tschechische gegebenen Definition, die grosso modo aber auch der Mehrheitsmeinung in der germanistischen Forschung entspricht:

> Unter einem Funktionsverbgefüge [...] wird eine Verbindung aus einem Substantiv verbalen Inhalts und einem „bedeutungsarmen" Verb verstanden, welche eine semantische Einheit bildet und funktional einem einfachen Verb entspricht (ebd., S. 25).

Dies wird in einigen Punkten erläutert. So bemerkt Herrmann-Dresel, dass „[d]ie funktionale Entsprechung in Form eines einfachen Verbs (...) nur potentiell möglich sein, nicht aber tatsächlich in der betreffenden Sprache existieren [...] [muss,] da jede natürliche Sprache zufällig bedingte Lücken im System aufweist" (1987, S. 29). Als Beispiel nennt sie etwa engl. *to succeed* vs. *Erfolg haben*. Es ist offensichtlich, dass eine derartige Charakterisierung ungenügend ist, z.B. im Hinblick darauf, wie lexikalische Lücken ermittelt werden können, ganz abgesehen von der Frage, was funktionale Äquivalenz meint bzw. wie eine solche zu bestimmen ist (z.B. durch Substitutionstests o.Ä.).

Um den Gegenstandsbereich der FVG näher zu spezifizieren, werden im Folgenden zunächst einige Kriterien genauer unter die Lupe genommen, die im Allgemeinen als einschlägig betrachtet werden. Dabei soll es zum einen darum gehen festzulegen, was sinnvollerweise als Funktions(verb)gefüge bestimmt werden kann und wie einem solchen Konstrukt überhaupt eine sinnvolle Bedeutung zugewiesen werden kann. Zum anderen soll aus der Gesamtmenge derartiger verbonominaler Bildungen eine Teilmenge ausgewählt werden, deren Elemente den folgenden Kriterien genügen:

– Den Bildungen können einfache Lexikalisierungen an die Seite gestellt werden, wobei unterschieden werden soll zwischen (a) Fällen, bei denen eine morphologische Ableitungsbeziehung zwischen dem nominalen Bestandteil der verbonominalen Bildung und der einfachen Lexikalisierung besteht (z.B. *beantragen* vs. *einen Antrag stellen*) und (b) Fällen, bei denen das nicht der Fall ist (z.B. *zur Sprache bringen* vs. *thematisieren*).

– Die einfachen Lexikalisierungen sind Kommunikationsverben, d.h. Handlungsverben. Infolgedessen muss das entsprechende verbonominale Syntagma auch einen entsprechenden semantischen Wert besitzen. Das wird u.a. bei der Bewertung von Bildungen mit *kommen* und *stehen* eine Rolle spielen.

Auch wenn es in diesem Beitrag schwerpunktmäßig nur um einen Ausschnitt aus der Gesamtheit der FVG geht, sind doch allgemeinere Eigenschaften zu diskutieren, die nicht nur für den ausgewählten Gegenstandsbereich relevant sind, zumal die Unterschiede zwischen einfachen Lexikalisierungen und FVGn aus allgemeineren Prinzipien, z.B. Eigenschaften von Ereignisnominalen, ableitbar zu sein scheinen.

2.2   Bestimmungskriterien

Bevor wir einen eigenen Versuch der Gegenstandsbestimmung machen, sollen im Folgenden eine Reihe von Kriterien kritisch behandelt werden, die in der Literatur als Charakteristika für FVG betrachtet werden. Dabei ist bereits jetzt anzumerken, dass ein Teil dieser Kriterien schon deshalb keine allgemeine Anwendung finden kann, weil man einzelsprachlichen Gegebenheiten nicht gerecht werden kann, wie z.B. der Bestimmung des Artikelgebrauchs für artikellose Sprachen wie dem Russischen, Tschechischen oder Japanischen.

2.2.1   Das Kriterium der Substituierbarkeit durch einfache
Lexikalisierungen

Dass sprachliche Einheiten unter spezifischen Bedingungen substituierbar sind, ist eine Grundeigenschaft aller Sprachen. Es ist deshalb interessant zu untersuchen, warum in einer großen Zahl von Untersuchungen zu FVGn die Substituierbarkeit durch einfache Lexikalisierungen, die zudem in einer Derivationsbeziehung zum nominalen Element der FVG stehen sollen, als Definitionskriterium herangezogen wird. Dabei wird häufiger nicht nur auf ein Verballexem, sondern auch auf ein Adjektiv plus Kopula rekurriert (z.B. *in Zorn geraten* vs. *zornig sein/werden* vs. *(er)zürnen*).

Die Möglichkeit, einen komplexen Ausdruck durch eine einfache Lexikalisierung zu ersetzen, wird häufig als Evidenz für die Inhaltseinheit der FVG gesehen (vgl. auch Jie 1986, Detges 1996, Herrlitz 1973, Allerton 2001).

Betrachten wir dazu die folgenden Beispiele

(21) a. *Peter bringt den Stein in Bewegung*
      b. *Peter bewegt den Stein*

(22) a. *Der Zug setzt sich in Bewegung*
      b. *Der Zug bewegt sich*

(23) a. *In der Sitzung bringt Paula das Problem zur Sprache*
      b. *In der Sitzung spricht Paula das Problem an*
      c. *In der Sitzung spricht Paula über das Problem*

(24) a. *In der Sitzung kommt das Problem zur Sprache*
      b. *In der Sitzung wird das Problem angesprochen*
      c. *In der Sitzung wird über das Problem gesprochen*

Zum einen handelt es sich hier nicht um Substituierbarkeit stricto sensu, sondern um eine nicht näher explizierte semantische Relation, die vielleicht mit Ähnlichkeit oder Äquivalenz bezeichnet werden kann: So gibt es zum Beispiel Veränderungen im Genus verbi ((23) vs. (24)), unterschiedliche Kausationstypen werden miteinander verglichen ((21 a.) vs. (21 b.)) oder es gibt das Problem der Präfixbildungen ((23-b), (24-b)) etc. Zudem bestehen häufig mehrere Möglichkeiten der Paarung ((23 b.) vs. (23 c.), (24 b.) vs. (24 c.)).

Engelen (1968, S. 291) und andere nehmen als Substitutionsoption auch die durch ein mit dem Stamm des Funktionsnomens gebildetes Adjektiv plus *sein, werden* oder *bleiben* an, z.B. *er geriet in Zorn* vs. *er wurde zornig.* Aber auch hier ist nicht klar, warum die Paarung nicht mit *zürnen, erzürnen* etc. erfolgen soll. Die Bewahrung der inchoativen Note kann nicht das entscheidende Kriterium sein, abgesehen davon, dass das auch für *erzürnen* gilt, denn die Beibehaltung von Phasenaktionsart oder Kausationstyp ist oft nicht gegeben.

Die Paarungsmöglichkeit von komplexer Bildung und einfacher Lexikalisierung ist in keiner Weise ein Spezifikum von Funktionsgefügen, man findet sie z.B. auch bei Idiomen (*ins Gras beißen* vs. *sterben*).

Um dieses Problem zu umgehen, wird für das nominale Element der FVG zusätzlich die mehr oder weniger strikte Einschränkung gemacht, dass es sich um ein Deverbativum handeln müsse (vgl. z.B. Rensky 1966, Jie 1986). Dass allerdings auch die Anwendung dieses Kriteriums Probleme bereitet, lässt sich etwa an den folgenden Beispielen erläutern (die ich keineswegs alle als FVG klassifizieren würde wie z.B. ((25)), bei denen dennoch eine Paarung mit einer einfachen morphologisch verwandten Lexikalisierung möglich ist:

(25) *Angst haben* vs. *sich ängstigen* vs. *ängstlich sein* vs. *verängstigt sein*

(26) *Angst machen* vs. *(ver)ängstigen*

(27) *einen/den Versuch unternehmen* vs. *versuchen*

(28) *zur Vernunft kommen* vs. *vernünftig werden*

Hier haben wir in keinem Fall ein Deverbativum im FVG. Bei (25) handelt es sich (zumindest synchron) um ein Nomen vs. denominales reflexives Verb bzw. bei (26) um ein einfaches denominales Verb (vgl. Simmler 1998, S. 60), in (27) und (28) haben wir ein Nomen vs. denominales Adjektiv. D.h., die Ableitungsrichtung spielt keine entscheidende Rolle.

Auf der anderen Seite gibt es viele verbonominale Syntagmen, die man anhand der noch zu behandelnden Kriterien als FVG klassifizieren würde, bei denen vorhandene 'Partner' nicht durch eine derivationelle Beziehung miteinander verbunden sind (*außer Kraft setzen* vs. *suspendieren*, *zur Sprache bringen* vs. *thematisieren*) oder keine einfache Lexikalisierung als Pendant zur Verfügung steht (z.B. *in Gang halten*) (vgl. dazu Heringer 1968, S. 29; Bahr 1977, S. 36; Detges 1996).

Der heikelste Punkt ist die Art der semantischen Beziehung, die zwischen dem komplexen Syntagma und der einfachen Lexikalisierung besteht: Wieviel semantische Gemeinsamkeiten sind notwendig, um Paarbildung gerechtfertigt erscheinen zu lassen? Sind *in Widerspruch stehen* vs. *widersprechen* trotz des ereignisstrukturellen Unterschiedes noch Paare, lassen sich *in Schutz nehmen* vs. *(be)schützen* kombinieren, obwohl mit erstem nur auf verbale Handlungen Bezug genommen werden kann, und ist die Paarung von *Angst haben* vs. *ängstlich sein* dadurch blockiert, dass letztes ein Individuenprädikat ist?

Funktionsnomen werden keineswegs mit einfachen Lexikalisierungen, sondern es wird jeweils das gesamte FVG mit der einfachen Lexikalisierung bzw. dem jeweiligen Prädikativausdruck verglichen. Ansonsten wäre eine von der Phasenaktionsart abhängige Paarung wie *in Bewegung bringen* vs. *bewegen*, *in Bewegung kommen* bzw. *in Bewegung sein* vs. *sich bewegen* nicht möglich.

Eine sinnvollere Herangehensweise scheint mir die von Allerton 2002 zu sein. Er geht von den Harrisschen „kindred relations" aus, mit deren Hilfe Relationen zwischen grammatischen Konstruktionen erfasst werden sollen, die nicht mittels Transformationen zu behandeln sind, wie z.B. die zwischen attributiven oder prädikativen Adjektiven und dem, was Allerton „simple/ stretched elaborated verb structures" nennt (vgl. Allerton 2002, S. 13f.). Zu bestimmen sind hier die Eigenschaften, die zwei konkurrierende sprachliche Optionen aufweisen und das strukturelle Verhältnis, in dem diese zueinander stehen. Wenn Allerton nur solche „stretched verb constructions" behandelt, denen sich kein korrespondierendes „simple verb" (vgl. Allerton 2002, S. 21) an die Seite stellen lässt, so ist dies insofern legitim, als diese Paarungsmöglichkeit nicht zum Definitionskriterium erklärt wird.

Man kann sich das Problem auch aus der Perspektive der Sprachproduktion klarmachen: Will ein Sprecher in einer kommunikativen Situation eine bestimmte „preverbal message" (vgl. Levelt 1989), eine propositionale Struktur, versprachlichen, dann stellt der jeweilige „Formulator" ein Repertoire von Möglichkeiten zur Verfügung. Das Problem ist nun zu rekonstruieren, welche Entscheidungsprozesse zur Auswahl von a aus einer Menge $M = \{a, b, \ldots; n\}$ von Optionen führt. Die hier behandelte Teilmenge von Funktionsgefügen ist in diesem Zusammenhang zu betrachten. Bei der Beschränkung auf die propositionale Struktur ist die derivationelle Beziehung irrelevant.

Insgesamt erhebt sich also die Frage: Welche Kriterien sind entscheidend: (a) Nicht-Komplexität und semantische Relation oder (b) morphologische Verwandtschaft?

Unabhängig von diesen Einzelfragen ist aber entscheidend, dass die Existenz einer äquivalenten einfachen Lexikalisierung nicht als Definitionskriterium für FVG taugt und auch kein Kriterium für semantische Einheitlichkeit darstellt. Es ist zudem nicht klar, was unter einer derartigen Einheitlichkeit zu verstehen ist. Dass die Bedeutung eines FVGs nicht kompositionell zu ermitteln ist, kann nicht ausreichen, denn das gilt auch für idiomatische Ausdrücke (vgl. dazu Rothkegel 1973, S. 20ff.).

2.2.2 Das Kriterium der Eigenschaft des nominalen Elements als nomen actionis

Ein weiteres Kriterium, das häufig (das gilt insbesondere für die Untersuchungen, die das Deutsche zum Gegenstand haben) als Charakteristikum von

FVGn genannt wird, ist, dass das nominale Element in dem FVG ein Nomen actionis sein müsse (vgl. Heringer 1968; v. Polenz 1987; Persson 1975; kritisch dazu Herrlitz 1973).

Allerdings handelt es sich dabei, wie bereits Heringer einräumt, keineswegs um ein klares Konstrukt, sowohl was dessen semantische Eigenschaften betrifft als auch hinsichtlich der angenommenen Derivationsrelationen. Morphologisch können im Deutschen Nomina actionis von ganz unterschiedlicher Bildungsweise sein (vgl. Heringer 1968, S. 27f., seine Beispiele):

1) Infinitive (zum Verschwinden bringen)

2) suffixlose und isolierte Verbalabstrakta (*im Widerspruch stehen*)

3) Verbableitungen auf *-ung* (*in Verbindung setzen*)

4) Ableitungen auf *-nis* (*in Kenntnis setzen*), *-heit*, *-keit*, *-schaft*

Auch was die semantischen Eigenschaften betrifft, scheint ein derartiges Nomen ziemlich variabel zu sein. Heringer 1968 nennt als Beispiele etwa Vorgänge (*Gang*), Tätigkeiten (*Sprache*) oder Zustände (*Ruhe*), ohne zu explizieren, wie derartige Kategorien bestimmt werden sollten.

Fälle wie *zu Papier bringen* werden dementsprechend von Heringer (1968, S. 28) nicht als FVG betrachtet. Entsprechendes gilt auch für *ein Foto machen* oder *faire une photo*. Dass diese Bildung eine einfache Lexikalisierung an ihrer Seite hat (*fotografieren, fotografier*), ist ein weiteres Beispiel dafür, dass das Vorhandensein einer einfachen Lexikalisierung allein keinen allzu großen Aussagewert für den Status des komplexen Syntagmas hat.

Es ist offensichtlich, dass der bloße Rekurs auf das Konstrukt nomen actionis nicht ausreicht, sondern dass es sich darüber hinaus bei dem Funktionsnomen um ein Ereignisnominal handeln muss. Hier sei lediglich festgestellt, dass damit auch eine Abgrenzung gegenüber idiomatischen Ausdrücken geleistet werden sollte. Dieser Versuch war auch einer der Gründe, warum man überhaupt auf nomina actionis rekurrierte.

Aber auch bei nichtidiomatischen Verbindungen kommt dieses Kriterium zum Tragen. In seinem Modell, das auf das Konzept der „kindred relations" von Harris zurückgreift, schließt Allerton (2002) z.B. Phrasen mit Instrumentbezeichnungen aus, „[because] the noun in the extended construction is not an eventive one derived from the verb" (Allerton 2002, S. 20).

In der Literatur zu FVGn bleibt unklar, wie ein Verbalabstraktum semantisch zu charakterisieren ist, obwohl es in der semantischen Literatur geeignete Anknüpfungspunkte gäbe (vgl. dazu Jie 1986, S. 54ff.). Verbalabstrakta werden wir später noch ausführlich diskutieren, da sie für die semantische und besonders ereignisstrukturelle Deutung der untersuchten verbonominalen Bildungen von entscheidender Bedeutung sind.

2.2.3 Das Kriterium der Substituierbarkeit des Funktionsverbs durch ein Vollverb

Dass zwischen dem Funktionsverb und dem Funktionsnomen eine über das gewöhnliche Maß hinausgehende Verbindungsfestigkeit besteht, zeigt sich auch darin, dass es nicht möglich ist, das Funktionsverb durch ein semantisch ähnliches Vollverb zu substituieren, vgl.:

> (29) a. *ins Gericht gehen*
> b. *#ins Gericht laufen/schreiten/rennen*

Dabei sind die spezifischen Subkategorisierungsrestriktionen, die mit der jeweiligen Konstruktion verbunden sein können, offensichtlich (vgl. dazu v. Polenz 1963, S. 24; Heringer 1968, S. 30; Detges 1996, S. 56).

> (30) a. *Das Bild kommt zur Versteigerung*
> b. *#Der Maler kommt zur Versteigerung*

Es muss (30 a.) jedoch im Zusammenhang mit den passivwertigen Bildungen gesehen werden (*das Bild wird zur Versteigerung gebracht*). Die Ambiguität aktivische vs. passivische Diathese hat auch etwas mit der diathetischen Unterspezifikation des Verbalabstraktums zu tun (*die Versteigerung des Bildes* vs. *die Versteigerung des Auktionators*).

Es wäre allerdings voreilig, die Unmöglichkeit der Substitution direkt und unvermittelt mit der Verbindungsfestigkeit zu korrelieren, da die Distributionsbedingungen eines Hilfsverbs sich von denen eines Vollverbs (wie das unstrittig bei den bedeutungsähnlichen Verben der Fall ist) unterscheiden sollten. Die Art der strukturellen Relation zwischen einem auxiliarisierten Verb und seinen Mitspielern spiegelt sich in einer anderen strukturellen Bindung wieder als z.B. die zwischen einem verbalen Element zu einer Umgebung in einem Idiom wie *jemandem die Würmer aus der Nase ziehen*, bei dem man nicht von Auxiliarisierung sprechen kann. Auxiliarisierung ist immer auch mit einem gewissen Grad an Grammatikalisierung verbunden, der bei FVGn auch in der teilweise vorliegenden Reihenbildung reflektiert wird.

2.2.4   Das Kriterium der Reihenbildung

Trotz der im vorangegangenen Abschnitt genannten Substitutionsrestriktionen lassen sich bei einer ganzen Reihe von FVGn Reihen dadurch bilden, dass andere Funktionsverben substituiert werden (vgl. dazu Heringer 1968; Detges 1996). Das gilt auch für Funktionsnomen, vgl.:

(31) a. *Luc {est + reste + entre} en {relation + rapport + contact*
          + conflit + discussion + négociation} avec Marie
      b. *in Wut + Verwunderung geraten + bringen + versetzen*
      c. *in Fahrt + bringen + kommen + sein + bleiben*

Außer, dass damit eine gewisse Produktivität eines sprachlichen Musters vorliegt, ist nicht klar, welchen argumentativen Stellenwert die Beachtung dieses Phänomens haben soll. Zum einen zwingt sie zu der Annahme, dass unter gewissen Bedingungen das verbale Element eines FVGs so substituiert werden kann, dass wiederum ein FVG entsteht. Zum andern besteht die Gefahr, dass man in einen Zirkel gerät, da man im Fall der Reihenbildung bereits von der Voraussetzung ausgeht, dass die verbalen Substitute Funktionsverben sind. Im Falle von (29 b.) ist – bei Isolierung dieser Evidenz – nicht ohne weiteres klar, warum *laufen* nicht auch ein Funktionsverb sein sollte (vgl. *in Gefahr laufen* etc.). Hier müssten weitere Kriterien herangezogen werden, z.B. der fehlende Determinierer.

Insgesamt ist allerdings festzustellen, dass Reihenbildung nur bei einer Teilmenge von FVGn möglich ist und keine strukturellen Einschränkungen bei der Bildbarkeit erkennbar sind. D.h., es handelt sich wohl eher um idiosynkratische Restriktionen.

2.2.5   Die Kriterien der Erfragbarkeit und Anaphorisierbarkeit

Für die Beurteilung der syntaktischen Festigkeit eines komplexen Syntagmas ist der syntaktische Status des Funktionsnomens von besonderer Bedeutung. So geht es u.a. darum, ob dieses Element Konstituenten- sowie Komplementstatus beanspruchen kann wie bei den freien Verbindungen der entsprechenden Verben. Klassische Tests, die in diesem Rahmen benutzt werden, beziehen sich auf die Erfragbar- und Anaphorisierbarkeit der nominalen Konstituente. Dieses Kriterium kann in unserem Falle keine Trennung von den Phraseologismen leisten (vgl. dazu Fleischer 1997, S. 54f.; Detges 1996, S. 23ff.), vgl.:

(32) a. **Wohin kommt auf der Sitzung das Thema? Zur Sprache*

       b. **Wohin stellt Peter das Thema? Zur Diskussion*

       c. *#Wohin bringt Peter das Bild? Zur Versteigerung*

Bei Bildungen ohne Präposition ist jedoch Fragebildung möglich:

(34) *Was willst du stellen? Eine Frage oder einen Antrag?*

Entsprechendes gilt für die Anaphorisierungmöglichkeiten, vgl.:

(35) a. *Die Unzufriedenheit der Grünen fand auf dem Bielefelder Parteitag (ihren) Ausdruck *und ihre Unsicherheit fand ihn auch*

       b. *Newton machte ein Foto, und Araki machte auch eines*

       c. *Peter machte ein Versprechen und Otto machte auch eines*

       d. *Gestern hatte Peter schon ein Versprechen gegeben, und heute gab er wieder eines*

       e. *Du gibst nur Versprechen, halten tust du sie nie*

2.2.6   Das Kriterium der eingeschränkten Referentialität von Funktionsnomen

Die im vorangehenden Abschnitt genannten Eigenschaften weisen bereits darauf hin, dass die referentiellen Möglichkeiten von Funktionsnomen eingeschränkt sind. Im allgemeinen werden hier die folgenden Phänomene genannt: Besonderheiten des Determinierer- und Negationsgebrauchs, Pluralisierbarkeit sowie Beschränkungen bei der Attribuierung.

Heringer 1968 unterscheidet FVG im engen Sinn, die artikellos sind, sowie FVG im weiteren Sinn, die einen Artikel zulassen, wobei gewöhnlich nur klitisierte Artikel verwendet werden können, also *zum Reden bringen, zur Darstellung bringen* neben Artikellosigkeit (*in Bewegung bringen*) (vgl. dazu auch Herrlitz 1973, S. 70; Fischer 1977, S. 30f.; zur Frequenz vgl. Persson 1975, S. 140f.). Bei den präpositionalen Verschmelzungen kommen *ins, zum, zur* vor. Dabei wird *ins* im allgemeinen als weniger grammatikalisiert betrachtet (vgl. Eisenberg 1999, S. 198). In keinem Fall lassen sich jedoch diese Verschmelzungen auflösen. Eisenberg hat darauf hingewiesen, dass Präpositionalgruppen mit Verschmelzungen „eine Art generische Lesung" (1999, S. 199) haben, die Definitheitsdistinktion also neutralisiert ist. Das gilt auch für die hier betrachteten Bildungen.

Allerdings gibt es eine große Anzahl von Bildungen, die zwar artikellos gebraucht werden, aber den Zusatz hauptsächlich des definiten Artikels oder des Possessiv- sowie des Negationsartikels zulassen, wobei naturgemäß Definitheit an Attribution gebunden sein kann (*Anspruch anmelden*).

Folgte man Heringers oben genannten Maßgaben, dann wäre (36 a.) ein Beispiel für ein FVG, (36 b.) jedoch nicht, vgl.:

(36) a. *Herr Meier steht unter Anklage der Bestechlichkeit*
    b. *Herr Meier steht unter der Anklage der Bestechlichkeit*

Betrachtet man jedoch das Verhalten hinsichtlich der Attribution, so ist kein signifikanter Unterschied zu erkennen. Für die determiniererlose Variante finden sich Belege verschiedener Konstruktionen: (a) mit Infinitivattribut, (b) mit *weil*-Satz, (c) mit Genitivus subjectivus, (d) mit PP mit *wegen* oder seltener *für*, vgl.:

(37) a. *Sie steht unter unter Anklage, als Chefministerin von Tamil Nadu zu ihrem persönlichen Vorteil Wirtschaftsdelikte begangen zu haben* [T99/MAR11060, TAZ 14.03.1998, S. 10]

    b. *IBM und Apple stehen unter Anklage, weil ihre Tastaturen angeblich das RSI-Syndrom (...) hervorrufen* [C95/FEB.00439, Computer Zeitung, 16.02.1995, S. 3]

    c. *Milosevic steht unter Anklage des Internationalen Gerichtshofes* [T99/JUN.23181, TAZ, 05.06.1999, S. 4]

    d. *Er steht unter Anklage wegen Korruption, Urkundenfälschung und Hehlerei* [U97/SEP.56828, Süddeutsche Zeitung, 03.11.1997, S. 3]

    e. *Die UNO steht unter Anklage für die Ermordung des bosnischen Vizepremiers Tuzrajilic (...)* [T93/APR.16589, TAZ, 12.011993, S. 10]

Entsprechende Muster findet man auch bei der Version mit definitem Artikel, z.B.:

(38) a. *er steht unter der Anklage des Völkermordes* [www. thrillerman.com / de / artikler_forbrydelsens_ bogholderi.htm, 27.01.2004]

> b. *Der Graf Friedrich Wetter vom Strahl steht unter der Anklage, die Tochter des Waffenschmieds Friedeborn mit teuflischer Zauberei an sich gebunden zu haben* [www.bhak-bludenz.ac.at/literatur/romantik/kl⌐ eistswerke.htm[1], 27.01.2004]

Die vorliegenden Konstruktionsmuster lassen sich hier als Verwertung der entsprechenden verbalen Muster erklären. Die Bildungen, die attribuierbar sind, sind weniger fest und werden dementsprechend, z.B. von Heringer (1968), nicht zu den FVGn im strikten Sinn gerechnet. Das betrifft Bildungen wie *in große Wut kommen*, im Gegensatz zu *in Wut geraten*, zu dem durchaus *in höllische/schreckliche Wut geraten* möglich ist.

Ein weiterer Hinweis auf den Verlust von referentieller Kraft ist der Verlust der Pluralisierbarkeit von Funktionsnomen. Dementsprechend darf laut Heringer das Funktionsnomen auch nicht im Plural stehen, d.h., *Schlüsse ziehen* würde einen anderen Status erhalten als *einen Schluss ziehen*, was in diesem Fall nicht sehr einleuchtend erscheint.

Dagegen ist Pluralisierbarkeit etwa bei

> (39)   *Herr Meier steht unter den Anklagen der Bestechlichkeit und der Untreue*

in keinem Fall möglich, nur *Herr Otto steht unter (der) Anklage der Bestechlichkeit sowie der Untreue*.

Bei Bildungen mit *machen* oder *geben* ist Pluralisierung häufig problemlos zulässig, vgl.:

> (40)   a. *die Versprechen, die du machst, haben keinen Wert*
>   b. *Du gibst nur schöne Versprechen, die du nicht hältst*

Diese Bildungen weisen eine relativ geringe Fügungsenge auf. Die verschiedenen FVG sind diesen Manifestationen in unterschiedlichem Maße unterworfen.

Betrachtet man die Möglichkeiten der Attribuierbarkeit, so ist ein Kennzeichen des harten Kerns der FVG, dass nur das Gesamtsyntagma attribuierbar

---

[1]   Bei der Wiedergabe von Internetadressen kennzeichnet das Trennzeichen ⌐ am Zeilenende einen layoutbedingten Umbruch, der nicht Bestandteil der Adresse ist. Bindestriche, die Bestandteil der Internetadresse sind, werden als „normale" Minuszeichen („-") wiedergegeben. Sie sind auch dann einzugeben, wenn sie am Zeilenende stehen.

ist. Das geschieht adverbial und wenn der Form nach eine adjektivische Attribution möglich ist, dann sollte sie sich semantisch adverbial verhalten (vgl. Heringer 1968, S. 44ff.; Rothkegel 1973, S. 77):

(41) *klar zur (*klaren) Sprache bringen*

(42) a. *in krassem Gegensatz stehen*
      b. *krass im Gegensatz stehen*

Zu entscheiden, wann dieses Charakteristikum vorliegt, ist oft schwierig, vgl.:

(43) a. *zur politischen Vereinigung kommen*
      b. *?politisch zur Vereinigung kommen*

Im Fall von (42) soll es sich um ein FVG handeln, im Fall von (43) nicht. Heringer sieht hier jedenfalls die Möglichkeit, FVG so zu definieren: „Wenn eine Bestimmung, die sich semantisch auf das Grundverb (d. h. das Verb, von dem das Nomen actionis abgeleitet ist oder mit dem es synchronisch in spürbarer Verbindung steht (also auch denominative Verben) bezieht, auch als Adverb stehen kann, haben wir es in jedem Fall mit einer Funktionsverbfügung zu tun" (Heringer 1968, S. 46). Das bedeutet u.a., dass die etwa von Krenn/Erbach (1994, S. 393f.) festgestellten Differenzen bei Quantifikation und Modifikation vom prädikativen Nomen wie *Vorschlag machen* nur darauf hinweisen, dass es sich nicht um ein FVG handelt.

Wie Heringer selbst einräumt, handelt es sich hier allerdings um ein Kontinuum, dessen Skalierung durch die Skopusunterschiede bei adverbialer Modifikation geliefert wird, vgl.:

(44) a. *zur völligen Vereinigung kommen/bringen*
      b. *völlig zur Vereinigung kommen/bringen*
      c. *gänzlich zur Vereinigung kommen/bringen*
      d. *zur gänzlichen Vereinigung kommen/bringen*

Während in (44) Skopusidentität von (44 a.) und (44 b.) herstellbar zu sein scheint, ist das bei (45 a.) und (45 b.) nicht möglich:

(45) a. *in schnelle Schwingung kommen*
      b. *schnell in Schwingung kommen*
      c. *langsam in schnelle Schwingungen kommen*
      d. *schnell in langsame Schwingungen kommen*

Wie der Vergleich zwischen (44) und (43) zeigt, scheint auch die semantische Qualität des Modifikators eine Rolle zu spielen. D.h., bei der Diskussion der Attributionsfähigkeit wird oft nicht ausreichend berücksichtigt, dass Attribution auch deshalb nicht möglich sein kann, da bestimmte Sortenrestriktionen verletzt werden (vgl. (46 b.)):

(46) a. *er brachte das sofort zur Sprache*

b. **er brachte das zur sofortigen Sprache*

c. *er brachte das Instrument sofort zum Schwingen*

d. *er brachte das Instrument zum sofortigen Schwingen*

Zudem ist das Kriterium ja, wie bereits erwähnt, nicht auf alle FVG anwendbar, da eine ganze Reihe dieser Bildungen (die aufgrund anderer Kriterien u.U. als FVG klassifiziert werden können) nicht durch ein attributives Adjektiv erweiterbar sind (z.B. *zum Schweigen bringen*).

Es ist klar, dass die hier genannten Kriterien nicht isoliert voneinander betrachtet werden können. So wird z.B. nicht deutlich, was es laut Heringer heißen soll, dass vom Funktionsnomen kein Relativsatz abhängig sein darf (vgl. hierzu auch Persson 1975; Detges 1996). Geht es hier um die grundsätzliche Erweiterungsmöglichkeit oder die Relevanz einer aktualisierten Erweiterung? Heißt das, dass

(47) *einen Schluss ziehen, der richtig ist*

kein FVG wäre, das folgende Beispiel dagegen aber sehr wohl?

(48) *einen Schluss ziehen*

Die genaue Form dieses Kriteriums ist unklar, wenn man etwa das folgende Beispiel von Helbig betrachtet (in Jie 1986, S. 53f.):

(49) **die Kenntnis, die er von der Sache genommen hat, ...*

(50) **der Ausdruck, zu dem er die Sache gebracht hat, ...*

Im Unterschied zu (47) ist hier das Funktionsverb nicht Teil des Matrixsatzes. Aber auch hier gibt es durchaus Fälle mit Relativsatz

(51) a. *Die Kenntnis, die er von diesem Vorfall genommen hat, war sehr oberflächlich*

b. **Die Kenntnis, in die er ihn von den neuesten Ereignissen setzte, war unvollständig*

2.2.7   Stellungseigenschaften von FVGn

Für freie Verbindungen gilt, dass Präpositionalphrasen in ihrer Eigenschaft als semantische Ergänzungen des Funktionsnomens nicht topikalisiert werden können, was für FVG durchaus möglich ist, vgl. Beispiele aus de Kuthy (2002, S. 31)

(52)   a. *Auf die Fragen, ob ich wirklich schwanger sei, habe ich keine Antwort mehr gegeben*

      b. *?Auf die Fragen, die die Welt bewegen, habe ich keine Antwort gehört*

(53)   a. *Über Zeitpunkt und Höhe der Förderung kann das Ministerium derzeit jedoch noch keine Auskunft geben*

      b. *?Über die Lösung der Menschheitsprobleme kann ich von ihm keine Auskunft erwarten*

Um dies zu erklären, geht de Kuthy davon aus, dass die PPn keine Argumente des Nomens, sondern des gesamten komplexen Prädikates sind. Auch das Stellungsverhalten der Negation unterscheidet sich von dem bei freien Verbindungen. Die Negation kann den Skopus nur über das gesamte FVG nehmen:

(54)   a. *Rosa meint, dass eine Scheidung nicht in Betracht kommt*

      b. **Rosa meint, dass eine Scheidung in Betracht nicht kommt*

Das gilt grundsätzlich auch für Bildungen ohne PP:

(55)   a. *Peter meint, dass Olga kein Versprechen gab*

      b. *??Peter meint, dass Olga ein Versprechen nicht gab*

Allerdings gibt es hier Abstufungen, abhängig von der syntaktischen Konstruktion, etwa die Kombination mit Modalverb und die Rolle des Determinierers:

(56)   a. *Peter kann das Versprechen nicht geben*

      b. *Wenn ich dieses Versprechen nicht geben muss, dann kann ich es auch nicht brechen*

      c. *?Peter kann ein Versprechen nicht geben, von dem er weiß, dass er es nicht einhalten will*

      d. *Wenn sich der Jüngling allerdings erdreisten sollte, dieses Versprechen nicht zu geben, wird er in eine Karre gesetzt und so unsanft wie irgend möglich aus dem Dorf gefahren*

Hier ist genauer zu untersuchen, welche Rolle unterschiedliche Fokussie-rungsoptionen spielen. Die Möglichkeit von Topikalisierungen kann u.U. nur bewahrt werden, wenn der Negationsartikel nicht vor dem Funktionsnomen steht, vgl.:

(57)   a. *Ein vollgültiges Versprechen kann Peter nicht geben*
       b. **Kein vollgültiges Versprechen kann Peter geben*

Problemlos scheinen Fälle wie die folgenden zu sein:

(58)   a. *eine Frage nicht STELlen, sondern beANTworten ist die De-vise*
       b. *diese Frage NICHT zu stellen, wäre fatal*

Heringer hält *kein* nicht für vereinbar mit dem Status eines FVGs. Der unter-schiedliche Status würde durch die Tatsache deutlich, dass das unnegierte Pendant unterschiedlich sei, vgl.:

(59)   a. *Die Arbeit ist nicht zum Abschluss gekommen*
       b. *Die Arbeit ist zum Abschluss gekommen*

(60)   a. *Die Arbeit ist zu keinem Abschluss gekommen*
       b. *Die Arbeit ist zu einem Abschluss gekommen*

Nach Heringer wäre dann (60) nicht als FVG zu klassifizieren, weil (60 b.) einen indefiniten Artikel aufweist. Allerdings gibt es eine ganze Reihe von Bildungen, die gemeinhin zu den FVGn gerechnet werden, in denen sehr wohl ein indefiniter Artikel auftritt (vgl. Persson 1975, S. 11f.). Die Stellung von *nicht* kann nicht als Unterscheidungskriterium herangezogen werden, denn sowohl bei den FVGn wie bei der Verbindung Prädikat + Direktional-angabe steht *nicht* vor der Präposition.

Für die Stellung freier Adverbien soll dasselbe gelten wie für die Negations-partikel (vgl. Herrlitz 1973, S. 14):

(61)   a. *Peter meint, dass er das Problem bald zur Sprache bringt*
       b. **Peter meint, dass er das Problem zur Sprache bald bringt*

In diesem Zusammenhang weist Herrlitz auf einen interessanten Punkt hin: Hinsichtlich Negation und Adverbien verhielten sich FVG wie Syntagmen aus Finitum und Infinitiv. Das wird dahingehend interpretiert, dass das Funktionsverb eine „Auxiliarisierung" zeigt. Als Evidenz für die Desemanti-sierung kann angeführt werden, dass Beschränkungen in der lexikalischen

Kombinierbarkeit bestehen, keine Ersetzung durch Synonyme möglich ist und dass das Abstraktum nicht Teil einer fakultativen Ergänzung sein darf. Zudem existiert häufig auch eine einfache Lexikalisierung als entsprechendes Pendant.

Zur Abgrenzung von Funktionsverbgefügen und variablen Verbindungen wird darauf verwiesen, dass im Falle von etwa *Protest erheben = protestieren* dem Substantiv durch das Verb „keine wesentlich neue Bedeutungskomponente" (Herrmann-Dresel 1987, S. 31) hinzugefügt werde, im Gegensatz etwa zu *einen Diebstahl anzeigen.* D.h., man kann eine wie immer geartete Desemantisierung des Funktionsverbs feststellen. Was damit aber genauer gemeint ist, bleibt weitgehend unklar.

Heringer (1968, S. 36) meint, die Desemantisierung der in FVGn verwendeten Verben zeige sich unter anderem daran, dass Oppositionsbildungen verloren gehen, z.B. bei *kommen* vs. *gehen*, aber *zu Ende kommen* vs. *zu Ende gehen.* Naturgemäß funktioniert das nur in einigen wenigen Fällen. Es fragt sich aber, welche Kriterien zur Anwendung kommen, um diese Auxiliarisierung operational nachzuweisen. Später werden wir zeigen, dass bei in FVGn verwendeten Verben wie *bringen, kommen, gelangen, stellen, setzen, ziehen* etc. z.T. eine Auxiliarisierung stattgefunden hat.

2.2.8   Zur Abgrenzung von FVGn und Idiomen

Einer der wesentlichen Unterschiede zwischen FVGn und Idiomen wird im allgemeinen im Lexikalisierungsgrad gesehen: Idiome haben einen höheren Lexikalisierungsgrad als FVG. Es gibt allerdings FVG, die über einen hohen Lexikalisierungsgrad verfügen, insofern etwa die Substituierbarkeit des Funktionsverbs stark eingeschränkt oder gar nicht möglich ist, z.B. für den Fall der Transivierung, vgl.:

(65)   a. *in Frage kommen vs. in Frage stellen*
　　　　 b. *in Betracht kommen vs. in Betracht ziehen*

(66)   *zum Zuge kommen*

Ein entscheidender Unterschied zwischen Idiomen und FVGn ist, dass FVG semantisch transparent sind. Darüber hinaus handelt es sich bei Funktionsverben in den allermeisten Fällen um Abstrakta, bei Nomina in Idiomen um Konkreta, eine Bedingung für die in Idiomen meistens enthaltene Bildlichkeit.

Wir können hier diese Fragen nicht ausführlich behandeln (für eine ausführliche Diskussion vgl. Proost, in diesem Band). Klar ist jedenfalls, dass auch die Gruppe der Idiome eine große Anzahl sehr heterogener Bildungen umfassen, die z.b. auf der Skala der Fügungsenge eine große Bandbreite zeigen.

2.2.9   Funktionen von FVGn

Nachdem wir einige Charakteristika diskutiert haben, die im allgemeinen Bildungen zugewiesen werden, die als FVG betrachtet werden, wollen wir im Folgenden etwas genauer beleuchten, was denn als Funktion derartiger Bildungen gelten kann.

Bei Zifonun/Hoffmann/Strecker (1997) werden im Anschluss an v. Polenz vier Arten von FVGn unterschieden:

1)   kausative FVG
2)   inchoative FVG
3)   durative FVG
4)   passivische FVG

Abgesehen davon, dass es zweifelhaft ist, ob es sich bei 4) um eine eigene Klasse von FVGn handelt, lässt es diese Liste im Dunklen, wie Fälle wie *eine Frage stellen* oder *ein Versprechen geben* unterzubringen sind, die weder kausativ, inchoativ, durativ nochsivisch sind.

Es wird den FVGn eine Reihe von Funktionen zugewiesen, nämlich Kausativierung, Markierung von Phasenaktionsarten sowie Passivierung. Allerdings ist dies nicht exhaustiv. Für die folgenden Funktionen lassen sich Beispiele finden (vgl. Herrmann-Dresel 1987, S. 43):

–   größere Flexibilität der FVG im Vergleich zu einfachen Lexikalisierungen bei der Aktantenverteilung (*anzeigen* vs. *eine Anzeige machen*) bzw. Standpunktmarkierung im Satz; dazu gehört wesentlich auch die informationsstrukturelle Funktionalität, ähnlich wie das bei den deutschen *tun*-Periphrasen der Fall ist (vgl. dazu Fischer 1977, S. 110f.)

–   Modifizierung hinsichtlich der Aktionsarten

–   Kausativierung

–   Intensivierung und andere zusätzliche semantische Komponenten

–   Präzisierung durch Quantifizierung des Funktionsnomens

- Präzisierung durch Attribuierung des Funktionsnomens
- stilistische Markierung bzw. Differenzierung von FVGn
- Möglichkeiten der Synonymie und Paraphrase von FVGn

Alle diese Faktoren spielen eine wichtige Rolle für die Charakterisierungen verschiedener Arten von FVGn. Da in diesem Beitrag in erster Linie ereignisstrukturelle Eigenschaften von FVGn untersucht werden sollen, möchte ich wenigstens darauf verweisen, ohne sie im Einzelnen zu diskutieren. Es soll aber darauf aufmerksam gemacht werden, dass besonders die Bestimmung der Kausativierungsfunktion problematisch zu sein scheint. Bei FVG findet man hier etwa *bringen, machen* (meist bei einwertigen Verben) oder *lassen*, aber auch die folgenden Fälle werden als kausative FVG klassifiziert (vgl. Zifonun/Hoffmann/Strecker 1997, S. 704):

(67) *Der Starter setzt den Motor in Gang*

(68) *Der Kunde gibt eine neue Serie in Auftrag*

(69) *Sein Sturz zog die ganze Belegschaft in Mitleidenschaft*

Abgesehen davon, dass es einige Argumente dafür gibt, (67) oder (69) nicht als FVG zu klassifizieren, gelten hinsichtlich der Kausationsmodalität offensichtlich spezifische Beschränkungen, die auch Auswirkungen auf die Attribuierbarkeit haben können, vgl.:

(70) *ich bringe ihn zum Singen* (*des Liedes*)

(71) *ich bringe ihn zum Umkippen* (**des Glases*)

Als eine der Hauptfunktionen von FVGn wird die Markierung von Phasenaktionsarten benannt (vgl. z.B. v. Polenz 1963; Fleischer 1997). Dazu muss festgestellt werden (ich werde später noch ausführlich darauf eingehen), dass die Gesetzmäßigkeiten, die bei der kompositionellen Ermittlung des aktionsartlichen Wertes der Konstruktion relevant sind, nicht spezifisch für FVG sind. Phänomene, die allgemein unter Aktionsart und FVG verbucht werden, sind keine Spezifika dieser Bildungen (vorausgesetzt, man kann diese Bildungen eindeutig spezifizieren), sondern Ausfluss allgemeiner Gesetzmäßigkeiten der Verbindungen von Verb plus nominalem Objekt, d.h., die aktionsartliche Wertung der Gesamtphrase ist Produkt der semantischen Qualität des Funktionsverbs (z.B. *bringen, kommen*) und der Semantik des nominalen Bestandteils der FVG.

Ein Manko der vorliegenden Arbeiten zu FVGn ist, dass keine konsistenten Kriterien zur Ermittlung der aktionsartlichen Qualitäten herangezogen werden, und überhaupt die Verbindung zur aktuellen semantischen Forschung nicht hergestellt wird. Auch deshalb kommt es u.a. zu sich widersprechenden Klassifikationen; so wird etwa *in Vergessenheit geraten* von v. Polenz (1987, S. 173) als inchoativ, in Heidolph/Flämig/Motsch (1981, S. 486) als terminativ klassifiziert.

Entsprechendes gilt auch für van Pottelberge (2001, S. 214ff.), der bei der Analyse der FVG keinerlei Testverfahren angibt, die geeignet sind, die unterstellten aktionsartlichen Eigenschaften zu bestimmen. Beispiele dafür sind etwa (a) *zur Verfügung stehen* vs. *über etwas verfügen* und (b) *zur Verfügung stellen*. Pottelberge klassifiziert (a) als „imperfektiv/durativ" und (b) als „perfektiv/punktuell", ohne genauer zu spezifizieren, wie er zu diesem Urteil gelangt. Generell scheint die fälschliche Vorstellung zu herrschen, die Zuschreibung von aktionsartlichen Merkmalen sei abhängig von einer Opposition zu einer entsprechenden einfachen Lexikalisierung. Eine typische Bemerkung ist etwa: „Zunächst erhebt sich auch hier [d.h. im Falle von *in Erscheinung treten*] die Frage, im Vergleich zu welchem Verb oder welcher syntaktischen Verbindung dieses Gefüge inchoativ sein soll" (van Pottelberge 2001, S. 219).

Teilweise wird ein 'Grundverb', das keine Ableitungsbeziehung im engeren Sinne mit dem nominalen Bestandteil der FVG verbindet (van Pottelberge 2001, S. 226), wie etwa *besprechen* vs. *zur Sprache bringen* herangezogen. Dies ist zwar grundsätzlich zulässig, kann aber keinesfalls Grundlage der Beurteilung ereignisstruktureller Charakteristika sein. FVG haben aber selbstverständlich aktionsartliche Charakteristika auch dort, wo keine einfache Lexikalisierung existiert, z.B. *come into bloom*, wo im Deutschen Präfixbildungen existieren (*er-blühen*).

Allerdings ist das Fazit van Pottelberges (2001, S. 247): „die Annahme, dass generell eine aktionale Opposition zu sog. „Grundverben" vorliege [erweist sich] als unbegründet". Diese These müsste hinsichtlich ihrer generellen Gültigkeit näher untersucht werden.

Häufig werden allerdings in recht undifferenzierter Weise Kausativierung und aktionsartliche Charakteristika in einen Zusammenhang gebracht. So kommentiert z.B. Heringer das Paar *verschwinden* vs. *zum Verschwinden bringen* folgendermaßen: „Das Verschwinden selbst wird nicht zerdehnt. Es kommt nur ein zweiter Vorgang hinzu, nämlich der bewirkende, der vor dem Verschwinden liegt" (Heringer 1968, S. 91). Diese Assoziation ist keineswegs abwegig. Für Phasenaktionsarten spielen nicht nur abstrakte Kriterien wie Begrenzheit eine Rolle, sondern auch das Eintreten und Verlassen einer Ereignisphase, d.h. Charakterisierungen der 'preparatory phase' sind wichtig. Das gilt schon dann, wenn man sich auf eine traditionelle Bestimmung von Phasenaktionsarten als Aktionsarten, die sich auf die zeitlichen Phasen des Geschehensablaufs beziehen, beschränkt.

Bildungen wie *zum Verschwinden bringen* lassen sich den üblichen einschlägigen Tests unterwerfen wie die Kombination mit Zeitspannen- und Durativadverbien, vgl.:

>   (72)   a. *er brachte den Fleck in drei Stunden zum Verschwinden*
>   b. *#er brachte den Fleck für drei Stunden zum Verschwinden*
>   c. *der Fleck verschwand in drei Stunden*
>   d. *#der Fleck verschwand für drei Stunden*

Bevor ich genauer spezifiziere, was ich unter 'Phasenaktionsart' verstehen will, möchte ich im folgenden zuerst auf einige relevante Grundkonzepte der verbalen Ereignisstruktur eingehen (vgl. auch Glatz 2001).

3.   Ereignisstruktur

Wenn man von aktionsartlichen Charakteristika spricht, klassifiziert man Verben bzw. Prädikate oder verbale Projektionen hinsichtlich der Eigenschaften, die diejenigen Relationen bestimmen, die zwischen den von den Prädikaten bezeichneten Sachverhalten und dem Verlauf der Zeit bestehen. Die Gesamtheit dieser Eigenschaften fasse ich unter dem Terminus 'Ereignisstruktur' zusammen. Dabei wird nur das semantisch repräsentiert, was grammatisch relevant ist.

Folgende Fragen spielen für die Bestimmung von Eigenschaften der Ereignisstruktur eine Rolle:

– Sind temporale Grenzen vorhanden, d.h., ist das Ereignis begrenzt oder nicht?

– Wird ein inhärenter Zustandswechsel bezeichnet oder nicht, wird das Ereignis als telisch aufgefasst oder nicht? So bezeichnet *gestern telefonierte Emily zwei Stunden lang* ein Ereignis mit temporalen Grenzen und damit ein begrenztes Ereignis, das allerdings keinen inhärenten und definiten Zustandswechsel umfasst, im Unterschied etwa zu *Milt überredete Percy zu einem Drink.*

– Ist das Ereignis intern gegliedert oder nicht, d.h., ist es homogen oder nicht? Hier sind Fälle wie *er redete Stuß, er hielt eine Rede, er stotterte sein ganzes Leben lang* zu vergleichen.

– Hat das Ereignis eine zeitliche Ausdehnung, ist es punktuell oder nicht? Man vergleiche hier etwa *telefonieren* vs. *taufen* vs. *versprechen*.

3.1   Begrenztheit

Wie bereits in Glatz (2001) ausgeführt, mache ich eine Unterscheidung zwischen temporaler Begrenztheit und Telizität, ein Unterschied, der häufig verkannt wird, wohl deshalb, weil Telizität Begrenztheit impliziert, während dagegen die Begrenztheit eines Prädikates keinen inhärenten Zustandswechsel induziert.

Es gibt eine Reihe sprachlicher Tests, mit denen die Begrenztheit eines Prädikates überprüft werden kann. Der häufigste ist die Kombinierbarkeit mit Zeitdaueradverbien, die nur bei unbegrenzten Prädikaten möglich ist, vgl.:

(73)   *Peter telefonierte zwei Stunden lang mit Christina*

(74)   a. *Peter hielt zwei Stunden lang eine Rede*

       b. *..., indem sie noch einen Anwalt vorstellen, der wieder drei Stunden lang eine Rede hält* [www.phantomoftheopera. ch/phantom2/Severus/dragon-4.htm, 17.02.2003]

Hier erkennt man bereits einen wichtigen Unterschied zwischen den komplexen verbonominalen Konstruktionen und den einfachen Lexikalisierungen: das FVG enthält einen nominalen Bestandteil, der in einem Teil der Fälle determinierbar bzw. (nicht) determiniert ist, sodass die Interaktion mit Adverb und Reihung zu charakteristischen Effekten führt, etwa dass der indefinite Artikel in (75) eine spezifische Lesart erhält, wenn denn eine Interpretation als noch möglich angesehen wird:

(75)   ?*Peter hielt eine Rede zwei Stunden lang*

(76)   *Peter hielt die Rede zwei Stunden lang*

(77)   *Peter hielt zwei Stunden lang die Rede, die er schon immer halten wollte*

(78)   a. ?*eine Rede hielt Peter zwei Stunden lang*

       b. *diese Rede hielt Peter zwei Stunden lang*

(78 a.) ist nur dann möglich, wenn nicht-maximale Fokussierung mit der entsprechenden intonativen Strukturierung vorliegt; der indefinite Artikel hat in jedem Fall eine spezifische Lesart:

(79) *Eine Rede hielt Peter allerdings zwei Stunden lang – seine Abschiedsrede*

Damit ist der Unterschied zur einfachen Lexikalisierung nicht nur der referentielle Status, sondern die Anzahl der möglichen Wortstellungsoptionen. Hier scheint auch ein Unterschied zu Nicht-FVGn zu bestehen:

(80) a. *Peter hielt zwei Stunden lang einen Apfel*
    b. *Peter hielt einen Apfel zwei Stunden lang*

Was die Folgerungsbeziehungen betrifft, so findet man einen weiteren Unterschied, vgl.:

(81) a. *Peter hielt zwei Stunden lang eine Rede → eine zweistündige Rede*
    b. *Peter hielt zwei Stunden lang einen Apfel → *ein zweistündiger Apfel*
    c. *Otto brachte seine Seelenqual drei Stunden lang zur Darstellung → eine dreistündige Darstellung*
    d. *Otto brachte seinen Hund drei Stunden lang zur Vorstellung → *eine dreistündige Vorstellung*

Je nach Determiner müssen wir also differenzieren: (a) nominales Element ohne Determiner (*in Kenntnis setzen*), (b) nominales Element mit indefinitem Determiner (*ein Versprechen geben*), (c) nominales Element mit definitem Determiner (*die Einwilligung geben*), (d) nominales Element mit klitisiertem Artikel (*zur Diskussion stellen, zur Sprache bringen*).

(82) a. *Peter setzte die Menge zwei Stunden lang über die aktuelle Lage in Kenntnis*
    b. **Peter setzte die Menge über die aktuelle Lage in Kenntnis zwei Stunden lang*

(83) a. *#Peter gab zwei Stunden lang ein Versprechen*
    b. **Peter gab ein Versprechen zwei Stunden lang*

(84) a. *Peter stellte die Harmonisierung von 'Valentine' zwei Stunden lang zur Debatte*
    b. **Peter stellte die Harmonisierung von 'Valentine' zur Debatte zwei Stunden lang*

D.h., präferiert ist in diesen Fällen die nicht-spezifische Variante, wobei die grundsätzliche Regularität, dass nur unbegrenzte Prädikate mit durativen Adverbialia verbindbar sind, unberührt bleibt.

3.2 Telizität

Telizität liegt dann vor, wenn das Prädikat einen definiten Zustandswechsel einführt, vgl.:

(85) *Otto gab Fritz die Einwilligung zur Einfahrt*

In (85) müssen also genauso wie bei *Otto tötete das Kaninchen* oder *Pavarotti ging von der Bühne* zwei Zeitpunkte eingeschlossen sein, die unterschiedliche Wertzuweisungen hinsichtlich der Gültigkeit der Prädikation haben.

Weitere Beispiele, bei denen das Besitzwechselverb *geben* als Funktionsverb fungiert, sind z.B. *die Anweisung, die Befugnis, die Einwilligung, die Erlaubnis, das Kommando, die Order, die Weisung, die Zusage, die Zustimmung geben*. Auch *in Auftrag geben* und *zu Protokoll geben*, bei denen wir eine Funktions-PP finden und kein Determiner stehen kann, verhalten sich entsprechend. Die Verbindungen von *geben* plus direktem Objekt weisen eine geringe Kohäsion auf, und deswegen stehen sie auf der Grenze zu freien Verbindungen. Die ereignisstrukturelle Charakteristik ist im Übrigen dieselbe.

Kombiniert man alle diese Bildungen mit einem Zeitrahmenadverbial, erhält man nur dann eine mögliche Interpretation, wenn man das Adverbial über so etwas wie eine mögliche 'Vorbereitungsphase' ('preparatory phase') prädizieren läßt, ähnlich wie in Fällen wie *in zwei Stunden erreichten sie den Gipfel*, womit sie mit der Vendlerschen Achievement-Klasse assoziierbar sind. Dementsprechend ist die Kombination mit einem Zeitpunktadverbial ohne Weiteres möglich.

Betrachtet man die einfachen Lexikalisierungen, die mit den verbonominalen Bildungen gepaart werden können, dann kann man bei den Bildungen, die sich morphologisch direkt mit den jeweiligen Funktionsnomen verbinden lassen (*anweisen, befugen, einwilligen, erlauben, zusagen, zustimmen*), sowie bei *anweisen* dieselben ereignisstrukturellen Charakteristika feststellen. Das durch das nicht-native Suffix *-ieren* gebildete *kommandieren* ist schwieriger, da es zum einen eine soziale Funktion bezeichnen kann (*Anibal kommandierte das Regiment* → *befehligte*) und dann eine andere verbonominale

Bildung an seiner Seite hat (*Anibal hatte das Kommando über das Regiment*) oder eine Disposition (*er kommandierte gern* → *er hatte gern das Kommando* → *er gab gern die Kommandos*). In diesem Fall ist das Verb atelisch und unbegrenzt.

Als direktives Sprechaktverb hat es aber in dieser Hinsicht dieselben Eigenschaften wie *das Kommando geben*, dennoch sind die Bedeutungsunterschiede beträchtlich, vgl.:

> (86) a. *Der General gab dem Kapitän das Kommando zum Auslaufen*
>
> b. *Der General kommandierte den Kapitän zum Auslaufen/an die Front*

Wir sehen also bereits hier, dass auch bei den behandelten verbonominalen Bildungen die Quantisierbarkeit des Nomens, d.h. die Möglichkeit der Abbildbarkeit einer Handlung auf den Extensionsbereich des Nomens, eine entscheidende Rolle spielt. Diese Eigenschaft ermöglicht die Abbildung von Handlungssegmenten auf Objektsegmente über den Verlauf der Zeit (vgl. Krifka 1989). Dabei verhalten sich Funktionsverbgefüge nicht grundsätzlich anders als freie Verbindungen.

3.3 Homogenität

Die gängige Definition von Homogenität definiert diese als Konjunktion von Kumulativität und Divisität (vgl. Glatz 2001, S. 44).

Kumulativität lässt sich folgendermaßen definieren

$$\forall\, P[KUM(P) \leftrightarrow \forall x \forall y (P(x) \wedge (P(y) \rightarrow P(x \cup y)))]$$

D.h., für jedes kumulative Prädikat P muss gelten: Wenn P für x zutrifft und P für y zutrifft, dann muss P auch auf die Vereinigung von x und y zutreffen. Wenn z.B. für x gilt, Wasser zu sein, und für y gilt, Wasser zu sein, dann gilt auch für die Vereinigungsmenge von x und y, dass es Wasser ist. Entsprechendes gilt, falls $x = 2$ Orangen und $y = 3$ Orangen sind. Auf die Vereinigung von x und y kann ich immer noch mit *Orangen* referieren. Aber nicht auf jede Teilmenge kann ich mit *Orangen* referieren – es müssen mindestens zwei Orangen vorhanden sein, d.h., dieses Prädikat ist nicht i.e.S. divisiv:

$$\forall P[DIV(P) \leftrightarrow \forall x \forall y (P(x) \wedge y \subseteq x \rightarrow P(y))]$$

Prädikate wie *telefonieren, reden* oder *Mist reden* sind dementsprechend kumulativ und divisiv, damit homogen, *eine Rede halten* dagegen weder kumulativ noch divisiv und damit nicht homogen. Kumulativ sind dagegen *Reden halten, Versprechen geben* oder *Geständnisse ablegen*, nicht jedoch divisiv i.e.S.

Betrachtet man Fälle wie *sie tanzten zwei Stunden lang Walzer* unter dem Aspekt der Divisität, dann kann man zwar sagen, dass es prinzipiell zutrifft, dass für jeden Zeitpunkt innerhalb dieser zwei Stunden es der Fall sein muss, dass Walzer getanzt würde, dass aber andererseits eine minimale Granularitätsstufe vorhanden ist, denn erst eine bestimmte Schrittfolge macht das Walzertanzen aus. Dabei kann Default- oder Weltwissen eine entscheidende Rolle spielen. Ein derartiges Wissen sagt uns, welches der folgenden Fälle (wahrscheinlich) divisiv sind

(87) a. *Paul saß von 9.15 bis 9.30 auf dem Stuhl*

b. *Paul saß den ganzen Tag auf dem Stuhl*

c. *Paul saß 22 Stunden, 43 Minuten und 12 Sekunden auf dem Stuhl*

3.4 Temporale Extension

Mit punktuellen Prädikaten wird ausschließlich auf Zeitpunkte referiert. Ein geeigneter Test ist die Modifikation mit *plötzlich*. Dabei werden alle nicht-punktuellen Prädikate ingressiv interpretiert:

(88) a. #*Plötzlich redete die Vorsitzende*

b. #*Plötzlich hielt die Vorsitzende eine Rede*

(89) a. *Plötzlich versprach Otto sich zu bessern*

b. *Plötzlich gab Otto das Versprechen sich zu bessern*

(90) a. *Plötzlich legte Otto ein Geständnis ab*

b. *Plötzlich gestand Otto sein Verbrechen*

(91) a. (#)*Plötzlich stellte Florence dieses Problem zur Diskussion*

b. #*Plötzlich diskutierte Florence dieses Problem*

4.   Ereignisstrukturelle Eigenschaften einzelner Gruppen von Funktionsverbgefügen

4.1   Das Korpus

Bevor wir uns der detaillierten Betrachtung der in Rede stehenden verbonominalen Syntagmen zuwenden, möchte ich eine erste Liste derjenigen
Bildungen geben, die ich hauptsächlich betrachte. Dass es sich hierbei nur
um eine Teilmenge handeln kann, wurde bereits gesagt. Da es sich bei den
einfachen Lexikalisierungen um Handlungsverben handelt, muss auch für
die verbonominalen Konstruktionen gelten, dass sie eine Handlung bezeichnen. Wie Beispiele wie *ins Wort fallen* zeigen, kann das auch dann zutreffen,
wenn das 'Funktionsverb' kein Handlungsverb ist.

Der Übersichtlichkeit halber sind die Bildungen nach den Verben sortiert.
Variationen bei Artikelwörtern, Erweiterungsmöglichkeiten, vorhandenen
einfachen Lexikalisierungen etc. sind nicht berücksichtigt. Diese Zusam-
menstellung erhebt keinen Anspruch auf Vollständigkeit. Einige Bildungen
werden bei der Detaildiskussion wieder aussortiert werden, da sie etwa als
Phraseolexeme bzw. idiomatische Ausdrücke klassifiziert werden.

– *abgeben*: *Erklärung, Statement, Stimme, Urteil, Versicherung, Versprechen*
– *ablegen*: *Beichte, Geständnis, Schwur, Zeugnis*
– *abstatten*: *Dank, Glückwunsch*
– *anmelden*: *Anspruch, Forderung*
– *aufstellen*: *Behauptung, Forderung, Hypothese, Vermutung*
– *bringen*: *in Verruf, in Vorschlag, ins Gespräch, ins Spiel, Rede auf etw.,
  Sprache auf etw., zum Ausdruck, zur Anzeige, zur Darstellung, zur Erörterung, zur Kenntnis, zur Sprache, zur Überzeugung*
– *einlegen*: *Berufung, Beschwerde, Fürbitte, Protest, Widerspruch*
– *eintreten*: *in Diskussion, in Verhandlung(en)*
– *einziehen*: *Erkundigung*
– *erheben*: *Einspruch, Geschrei*
– *erteilen*: *Anweisung, Auftrag, Befugnis, Einwilligung, Erlaubnis, Kommando, Order, Rapport, Weisung, Zusage*
– *fallen*: *ins Wort*
– *geben*: *Antwort, Anweisung, Auftrag, Befugnis, Einwilligung, Erlaubnis,
  Kommando, Order, Rapport, Weisung, Zusage, zu Protokoll*

- *gehen*: *ins Gericht*
- *halten*: *in Kenntnis*
- *machen*: *Avancen, Eingabe, Geschrei, Versprechen, Vorschrift, zum Vorwurf, zur Verpflichtung*
- *nehmen*: *in Anspruch, in Beschlag, in Schutz*
- *richten*: *Anfrage, Appell, Frage an*
- *rufen*: *zur Ordnung*
- *setzen*: *in Kenntnis, ins Benehmen, ins Vertrauen*
- *stellen*: *Antrag, Bedingung, Forderung, Frage, in Abrede, in Aussicht, in Frage, unter Anklage, zur Debatte, zur Diskussion, zur Disposition, zur Erörterung, zur Rede, zur Verhandlung*
- *treten*: *in Diskussion, in Verhandlung*
- *ziehen*: *ins Vertrauen, zu Rate*

4.2 Faktoren der aktionsartlichen Eigenart der FVG

In den bisherigen Ausführungen wurde deutlich, dass die ereignisstrukturelle Wertigkeit der hier diskutierten verbo-nominalen Konstruktionen wie auch von freien Verbindungen vor allem von folgenden Faktoren abhängt: dem verbalen Bestandteil des verbo-nominalen Syntagmas, dem 'Funktionsverb', und dem nominalen Bestandteil, der häufig Konstituente einer PP ist.

4.2.1 Die Rolle des nominalen Bestandteiles

Bei den nominalen Bestandteilen der FVG handelt es sich um Sachverhaltsnominale. Diese lassen sich nicht morphologisch bestimmen und zwar nicht nur deshalb nicht, weil sich, wie bereits oben erläutert, kein eineindeutiges Verhältnis zwischen morphologischem Typus und semantischem Gehalt feststellen läßt. Weitere Gründe sind die Existenz unabgeleiteter Sachverhaltsnomina und allgemein die Sortenambiguität von deverbalen und deadjektivischen Nomina (vgl. dazu z.B. Kolde 1989, S. 59). Das heißt, Bildungen wie *zu Papier bringen* sind, ganz in Übereinstimmung mit der traditionellen Auffassung, nicht zu den FVGn zu rechnen. Sachverhaltsnomina liegen dann vor, wenn diese Nomina auf eine explizite Prädikation zurückführbar sind. Damit verbunden ist, dass derartige Ausdrücke grundsätzlich eine nominale Valenz aufweisen, die jedoch nicht immer auf Argumentvererbung zurückgeht. Allerdings ist das im vorliegenden Fall differenziert zu behandeln, da es Evidenzen dafür gibt, dass die nominalen Elemente von FVGn keinen eigenständigen Valenzrahmen besitzen.

In unserem Korpus finden sich die folgenden Nomina (dabei werden diejenigen, die Teil einer PP sind, ohne Unterschied mit aufgeführt):

Abrede, Anfrage, Anklage, Anspruch, Antrag, Antwort, Anweisung, Appell, Auftrag, Aussicht, Avancen, Bedingung, Befugnis, Behauptung, Beichte, Benehmen, Berufung, Beschlag, Beschwerde, Dank, Debatte, Diskussion, Disposition, Eingabe, Einspruch, Einwilligung, Erklärung, Erkundigung, Erlaubnis, Erörterung, Forderung, Frage, Fürbitte, Gericht, Geschrei, Gespräch, Geständnis, Glückwunsch, Hypothese, Kenntnis, Kommando, Order, Ordnung, Protest, Protokoll, Rapport, Rat, Rede, Schutz, Schwur, Spiel, Sprache, Statement, Stimme, Überzeugung, Urteil, Verhandlung, Vermutung, Verpflichtung, Verruf, Versicherung, Versprechen, Vertrauen, Vorschlag, Vorschrift, Vortrag, Vorwurf, Weisung, Widerspruch, Wort, Zeugnis, Zusage.

Eine ereignisstrukturell entscheidende Eigenschaft ist, ob das entsprechende Nomen quantisierbar ist, d.h., ob sich der Verlauf einer Handlung auf den Extensionsbereich des Nomens abbilden lässt. Ein weiterer, heftig umstrittener Punkt ist, ob sich die spezifische Bildungsweise des Nomens mit ereignisstrukturellen Eigenschaften in Zusammenhang bringen läßt. So meint Ullmer-Ehrich (1977, S. 128), dass die „Infinitivsubstantivierung zu imperfektiv-perfektivenVerben (...) als eine Imperfektivierungsoperation [wirkt]. Die *ung*-Substantivierung zu imperfektiv-perfektiven Verben realisiert den Aspekt, der der Aktionsart des unterliegenden Verbs entspricht". Infinitivnominalisierungen liegen in unserem Korpus nur bei *Versprechen* und *Vertrauen* vor, wobei es sich bei erstem, einer klar lexikalisierten Bildung, wohl kaum um eine Imperfektivierungsoperation handelt. Ein wichtiger Punkt in unserem Zusammenhang ist allerdings, dass Infinitive prinzipiell nicht pluralisierbar sind (Ausnahme: lexikalisierte Bildungen), so dass über Pluralisierung keine Aktivitäts- bzw. Prozesslesart herstellbar ist. Häufiger treten *ung*-Nominalisierungen auf; es sind dies die folgenden: *Anweisung, Bedingung, Behauptung, Berufung, Einwilligung, Erklärung, Erkundigung, Erörterung, Forderung, Ordnung, Überzeugung, Verhandlung, Vermutung, Verpflichtung, Versicherung, Weisung, Widerspruch.*

Obwohl *ung*-Nominalisierungen häufig über mehr als eine Lesart verfügen, ist doch die Bedeutung dieser Nominalisierungen entscheidend von der Ereignisstruktur der Basisverben geprägt. Als atelische Basisverben treten Aktivitäts- und Zustandsausdrücke auf. Die ersten generieren generell eine Prozesslesart (vgl. Ehrich/Rapp 2000, S. 279). Telische Basisverben führen zu

Ereignisnominalisierungen. Die Ambiguität von telischer vs. atelischer Lesart geht schon auf eine Ambiguität beim entsprechenden Basisverb zurück, z.b. bei 'abstrakten Applikativverben' wie *beschreiben* (vgl. Ehrich/Rapp 2000, S. 288f.).

4.2.2 Die Rolle des verbalen Bestandteils

Hier können wir nicht auf alle als 'Funktionsverben' gebrauchte Verben eingehen. Im folgenden Abschnitt werden nur *bringen*, *setzen* und *stellen* etwas genauer betrachtet werden. Es handelt sich um telische und damit nichthomogene Verben, die eine Vorbereitungsphase zulassen, wie die Interpretation bei der Kombination mit einem Zeitspannenadverb zeigt, z.B.

(92) *In zwei Stunden brachte er das Paket zu Herrn Maier*

Die Charakteristik dieser Verben ist ein entscheidender Faktor dafür, welche ereignisstrukturellen Eigenschaften das gesamte 'Funktionsverbgefüge' hat. Obwohl eine gewisse semantische Reduktion dieser Verben eintritt, bewahren sie doch ihre entscheidenden ereignisstrukturellen Eigenschaften.

4.2.2.1 Bildungen mit *bringen*

Die verbonominalen Bildungen mit *bringen* sind die meistbehandelten dieses Konstruktionstyps (vgl. z.B. Heringer 1968, S. 55ff.; Persson 1975; van Pottelberge 2001, S. 301ff.).

Folgende Bildungen werden wir genauer betrachten: *zur Anzeige bringen, zur Darstellung bringen, zur Erörterung bringen, zur Kenntnis bringen, ins Spiel bringen, zur Sprache bringen, zur Überzeugung bringen, in Vorschlag bringen, in Widerspruch bringen* sowie *die Rede/Sprache auf etwas bringen*.

Bevor wir zur Diskussion dieser Fälle kommen, soll noch etwas zum kausativen Charakter dieser Bildungen gesagt werden. Nach Persson ist „zu jedem FVG mit *kommen* ein entsprechendes FVG mit *bringen* vorhanden, wobei das erstere auf das letztere zurückzuführen ist" (Persson 1975, S. 76; vgl. auch Heringer 1968, S. 57ff.).

Derartige Bildungen existieren in allen oben aufgelisteten Fällen, auch wenn *in Vorschlag kommen* bereits etwas obsolet ist. Allerdings sind die Fälle *zur Anzeige bringen* etc. nach Heringer (1968, S. 72) nicht kausativ, da keine Valenzerhöhung stattfindet. Heringer gibt keine semantische Charakterisierung von Kausativität. Hierfür wäre der Rückgriff auf die Unterscheidung zwischen direkter vs. indirekter Kausierung notwendig. Im Fall der indirekten Kausierung ist ein ex- oder impliziter intermediärer Agent vorhanden: *Peter zerbrach das Fenster* vs. *Peter ließ das Fenster zerbrechen* (vgl. Shibatanis Unterscheidung zwischen 'manipulative' und 'directive causation' Shibatani 2001, S. 4). Shibatani bindet die Unterscheidung „manipulative vs. directive (direct vs. indirect) causation" an die Produktivität der jeweils verwendeten sprachlichen Mittel: je produktiver desto eher „directive". Dazu würden die Bildungen mit *bringen* gut passen, denn sie nehmen hinsichtlich ihrer Produktivität eine Mittelposition zwischen lexikalischen Kausativa und den *lassen*-Bildungen ein, und sie drücken 'manipulative causation' aus.

Wenn es sich um indirekte Kausation handelt, dann kann keine referentielle Identität zwischen dem Argument des nominalen Elements des FVGs und dem des Funktionsverbs *bringen* bestehen. Das unterscheidet diese Bildungen von den *lassen*-Bildungen:

(93) a. *Peter bringt das Verbrechen zur Anzeige*
      b. *Peter lässt das Verbrechen anzeigen*
      c. *Peter lässt das Verbrechen zur Anzeige bringen*

Betrachten wir *zur Anzeige bringen* vs. *anzeigen* etwas genauer. Die semantische Variabilität der verbonominalen Bildungen lässt sich mit den diversen Bedeutungen des Verbs *anzeigen* in Verbindung bringen. Das Nomen ist attribuierbar, und es scheint auch Heringers Bedingung erfüllt zu sein, dass adverbiale und adnominale Modifikation äquivalent sind, vgl.:

(94) a. *Das Unternehmen will jetzt illegale Ablagerungen sofort zur Anzeige bringen* [U96/MAI.30777, Süddt. Ztg., 09.05.1996, p. 1]
      b. *Das Unternehmen will jetzt illegale Ablagerungen zur sofortigen Anzeige bringen*

(95) *Ein ausgefeiltes Informationssystem über freitextliches Suchen (Full Text Retrieval System) bringt über Windowtechnik die gesuchten Informationen schnell zur Anzeige* (http://www.orgaplus.de/produkte/hfss2.html, 14.10. 2002)

Referenzidentität des Subjekts des Funktionsverbs und des unrealisierten Arguments des Funktionsnomens ist möglich, vgl.:

(96) a. *Peter brachte das Verbrechen zur Anzeige*
      b. *Peters Anzeige des Verbrechens*
      c. *die Anzeige des Verbrechens durch Peter*

Dagegen ist Relativsatzparaphrase nicht möglich. Allerdings gibt es hier das Problem, dass im Deutschen (wie auch in anderen Sprachen) nicht jede Position relativierbar ist:

(97) a. *Peters Anzeige des Verbrechens bei der Polizei war erfolglos*

　　　b. **die Anzeige des Verbrechens bei der Polizei, die Peter brachte, kam zu spät*

　　　c. **die Anzeige, zu der Peter das Verbrechen brachte*

Besetzung der Agensposition in der Funktionsnomen-Position ist nicht möglich:

(98)　**Peter brachte das Verbrechen zur Anzeige Ottos bei der Polizei*

Wie bereits erwähnt, hält Heringer 1968 die Unmöglichkeit der Negierung mittels *keiner* für eine notwendige Eigenschaft von FVGn.

(99) a. *Peter brachte das Verbrechen nicht zur Anzeige*

　　　b. **Peter brachte das Verbrechen zu keiner Anzeige*

　　　(vgl. Heringer 1968)

(92) kann bei *zur Anzeige bringen* keinen aktionsartlichen Unterschied zur einfachen Lexikalisierung *anzeigen* erkennen. Wenn man allerdings die oben genannten ereignisstrukturellen Kategorien betrachtet, so ergeben sich dennoch einige Unterschiede. Beide Ausdrücke sind begrenzt, jedoch ist bei einer Kombination mit Zeitdaueradverbialien eine Reinterpretation von (100 b.) im Gegensatz zu (100 a.) nicht möglich:

(100) a. *Peter zeigte das Verbrechen jahrelang an*

　　　 b. **Peter brachte das Verbrechen jahrelang zur Anzeige*

Zurückzuführen ist das auf die Rolle des klitisierten definiten Artikels in (100 b.). Bei der zweiten möglichen Lesart von *anzeigen* ist in (101 a.) neben einer iterativen eine durative Lesart möglich, nicht jedoch in (101 b.), wo außerdem ebenfalls keine iterative Reinterpretation möglich ist

(101) a. *Der Computer zeigte stundenlang die Fehlermeldung an*

　　　 b. **Der Computer brachte stundenlang die Fehlermeldung zur Anzeige*

Die durative Interpretation von (101 a.) ist allerdings nur dann möglich, wenn man *Anzeige* hier nicht als Ereignisnominal auffasst. Was Punktualität betrifft, so zeigen beide Varianten bei der Kombination mit *plötzlich* keine ingressive Reinterpretation.

Nach van Pottelberge (2001, S. 393ff.) ist heute im Unterschied zum 18. Jahrhundert eine pränominale Attribuierung nicht mehr möglich.

(102) *Hier fühlt er bloß einen lebendigen Trieb, die Harmonie in sich zu erzeugen, welche er dort wirklich empfand, ein Ganzes aus sich zu machen, die Menschheit in sich zu einem vollendeten Ausdruck zu bringen* (Schiller, Über naive und sentimentalische Dichtung [zit. nach van Pottelberge 2001, S. 394])

Allerdings findet man durchaus Fälle mit einfacher und mehrfacher pränominaler Attribution, vgl.:

(103) a. *sind von Hemingways hochgelobtem Stil, auch komplizierte Gefühlsverzweigungen durch eine einfache Sprache und Wortwahl zum klaren Ausdruck zu bringen* (http://www. rasscass.com/templ/te_bio.php?PID=595&RID=1, 11.10.2002)

   b. *Deswegen wird eine weitere Vermittlung aus dem Erkenntnisvollzug verlangt, um das unthematische Wissen zum klaren Ausdruck zu bringen* (http://deutsch.lonergan. org/linus01.htm)

   c. *Wenn es mir gelungen sein sollte, den Gegenstand dieser Überlegungen zu hinreichend klarem Ausdruck zu bringen, so darf ich zusammenfassend sagen:* ... (http://www. Mauthner-gesellschaft.de/mauthner/tex/corn1a. html, 11.10.2002)

(104) *... denken kann – möchte ich in dem Menschen Tronck zu abgerundetem Ausdruck bringen ... noch mehr, eine Erfahrung, der Jünger in Afrikanische Spiele einen klaren ...* (http:// www.godenholm.de/3.Ebene/text/pdf/SturmEssay.pdf, 11.10.2002)

(105) a. *... der Schmalfront errichteten, von dem Hoheitszeichen überragten Turm, der die neue deutsche Baugesinnung in wuerdiger Formgebung zu deutlichem Ausdruck bringt* (http://www.fh-lippe.de/fb1/html/expo/deutsc‐ hland/pavillon/beteiligung.html, 11.10.2002)

   b. *(...) Ich habe dies auch in meiner Vorstellung an die Königl. Anstaltsdirektion vom 24. März 1900 zu hinreichend deutlichem Ausdruck gebracht* (http://www.txt.de/kv-kadmos/SchrAnh.pdf)

Dabei scheint es bei der jeweils pränominalen vs. adverbialen Modifikation keinen semantischen Unterschied zu geben:

> (106) a. *klar zum Ausdruck bringen*
> b. *zum klaren Ausdruck bringen*
> c. *zu klarem Ausdruck bringen*

Referenzidentiät des Subjekts des Funktionsverbs und des unrealisierten Arguments des Funktionsnomens ist möglich:

> (107) a. *Peter brachte seine Verwunderung zum Ausdruck*
> b. *Peters Ausdruck seiner Verwunderung*

dagegen Besetzung der Agensposition des Funktionsnomens nicht:

> (108) *Peter brachte die Verwunderung zum Ausdruck Ottos*

Wie erwartet ist Relativsatzparaphrase nicht möglich:

> (109) a. *Peters Ausdruck seiner Verwunderung*
> b. **der Ausdruck, zu dem Peter seine Verwunderung brachte*

ebenso wenig wie die Verneinung mittels *kein-*:

> (110) a. *Er brachte seine Verwunderung nicht zum Ausdruck*
> b. **er brachte seine Verwunderung zu keinem Ausdruck*

Eine iterative Reinterpretation scheint bei beiden Bildungen möglich zu sein, vgl.:

> (111) a. *er brachte seine Verärgerung zwei Stunden lang deutlich zum Ausdruck*
> b. *Er drückte seine Verärgerung zwei Stunden lang deutlich aus*

Beide Bildungen sind nicht homogen. Unter Umständen ist bei Kombination mit *plötzlich* eine inchoative Reinterpretation möglich.

Die Relevanz der Bildungsweise des Funktionsnomens wird bei *zur Darstellung bringen* deutlich, die sich mit der einfachen Lexikalisierung *darstellen* paaren lässt. Attribution ist möglich, und auch hier scheint es bei der Modifikation keinen semantischen Unterschied zu geben zwischen adnominaler und adverbialer Modifikation:

(112) a. *klar zur Darstellung bringen*

b. *Die Rhythmisierung des Tonflusses und die Accentuation waren die künstlerischen Mittel des <319> Spielers, diese Bedeutungen zur klaren Darstellung zu bringen.* (http://www.koelnklavier.de/kullak/kap15.html, 11.10.2002)

c. *Aber dieser Geist der Musik muss in einer Tragödie erst zur dramatisch wahrhaftigen Darstellung gebracht, um bewußt zu werden* [B97/712. 17763 Berliner Zeitung, 20.12.1997, Beilage Magazin, p. iv]

Referenzidentiät des Subjekts des Funktionsverbs und des unrealisierten Arguments des Funktionsnomens ist möglich:

(113) a. *Peter brachte seine Not zur Darstellung*

b. *Peters Darstellung seiner Not*

Die Besetzung der Agensposition in der Funktionsnomen-Position ist nicht möglich:

(114) **Peter bringt das Vorhaben zur Darstellung Ottos*

Ebenso ist keine Relativsatzparaphrase akzeptabel:

(115) a. *Peters Darstellung seiner Not*

b. **die Darstellung, zu der Peter seine Not brachte*

Es handelt sich um eine hybride verbonominale Bildung, bei der die nicht-kommunikative Bedeutung häufiger als bei der einfachen Lexikalisierung ist, vgl.:

(116) *Wenn man so will, ist hier die historische Bezogenheit der Kunst selbst zur Darstellung gebracht* [T92/AUG.33164, TAZ, 25.08.1992]

(117) *Es gab – um nur einige zu nennen – Cat, die Katzenfrau, mit der er auf der Bühne sexuelle Seifenopern zur Darstellung brachte* [T96/DEZ.54558, TAZ, 12.08.1996, p. 24]

Entgegen der gängigen Auffassung kommen auch nicht-klitisierte Artikel vor, selbst mit Füllung der pränominalen Parenthese-Nische:

(118) *Spannungsreich ist auch das Gegenüber, das mit zwei Riesenformaten Pencks hergestellt wird: Auf einem rot dominierten Bild wird mit Hilfe der Strichmännchen, die des Künstlers Mar-*

kenzeichen sind, "der Osten", auf dem schwarz/weiß gehalte-nen "des Westens" zu einer (freilich kaum mehr als schemati-schen) Darstellung gebracht [R99/APR.30432, FR, 17.04.1999, p. 11]

Auch der ereignisstrukturelle Gehalt des Funktionsnomens kann eine Rolle spielen, vgl.:

(119) a. *Die Darstellung aller Einzelheiten dauerte zwei Stunden lang*

b. *Die Liste der Teilnehmer war ellenlang. Die Anzeige aller dauerte zwei Stunden lang*

c. **der Ausdruck seiner Unzufriedenheit dauerte zwei Stunden lang*

Im Falle von (119 b.) ist nicht ganz klar, ob das als eine Reihung vieler 'Anzeigen' gedeutet werden muss.

Bei *ung*-Nominalisierung ist die Attribuierung prinzipiell möglich, wenn auch pränominal äußerst rar:

(120) a. *Der Präsident brachte diese Probleme ausführlich zur Erör-terung*

b. *Der Präsident brachte diese Probleme zur ausführlichen Er-örterung*

In (120 a.) vs. (120 b.) scheint keine signifikante semantische Differenz vor-zuliegen. Das ist nicht so klar im folgenden Beispiel:

(121) a. klar zur Erörterung bringen

b. zur klaren Erörterung bringen

(122) mit pränominaler Attribution scheint kaum möglich:

(122) *Das Antragrecht ist so zu gestalten, dass eine demokratische Willensbildung gewährleistet bleibt, insbesondere auch Minder-heiten ihre Vorschläge ausreichend zur (*ausreichenden) Erör-terung bringen können* (Gesetz über die politischen Parteien)

Bei dieser Frage ist es insgesamt problematisch, dass die semantische Diffe-renz, die mit dem Unterschied der Wortklasse verknüpft ist, oft nicht klar ist. Ansonsten verhält sich *zur Erörterung bringen* wie die bereits behandelten verbonominalen Bildungen mit *bringen*:

(123) a. *Peter bringt dieses Problem zur Erörterung*

     b. *Peters Erörterung dieses Problems*

(124) **Peter bringt dieses Problem zur Erörterung Ottos*

(125) **die Erörterung, zu der Peter dieses Problem bringt, ist klar*

Das Nomen selbst kann eine durative Lesart erhalten (*die zweistündige Erörterung*). Bei Kombination mit *plötzlich* ist eine inchoative Lesart möglich, allerdings bei (126 b.) wesentlich deutlicher:

(126) a. *Plötzlich brachte er dieses Problem zur Erörterung*

     b. *Plötzlich erörterte er dieses Problem*

Etwas anders als die vorangehenden Beispiele ist *zur Kenntnis bringen* vs. *informieren, benachrichtigen, in Kenntnis setzen*. Hier kann nur eine indirekte Kausierung vorliegen, weshalb keine Referenzidentität des Subjekts des Funktionsnomens und des Arguments des Funktionsnomens möglich ist:

(127) a. *?Peter brachte das Problem zur Kenntnis*

     b. *≠ Peters Kenntnis des Problems*

(128) a. *ausdrücklich zur Kenntnis bringen*

     b. *zur ausdrücklichen Kenntnis bringen*

Im Gegensatz zu den anderen Bildungen ist die Besetzung der Agensposition des Funktionsnomens möglich, obgleich (129 b.) die stark präferierte Konstruktion darstellt

(129) a. *Peter brachte dieses Problem zur Kenntnis der Behörden*

     b. *Peter brachte diese Problem den Behörden zur Kenntnis*

Dagegen ist Relativsatzparaphrase nicht zulässig:

(130) **die Kenntnis, zu der Peter dieses Problem bringt*

Eine durative Lesart lässt sich der Konstruktion **eine zweistündige Kenntnis* nicht zuweisen. Es handelt sich um kein Ereignisnominal, weshalb diese Bildung nicht zu der hier diskutierten Gruppe von verbonominalen Syntagmen gehört.

Als Nächstes betrachten wir die Bildung *ins Spiel bringen*, die sich z.B. mit der einfachen Lexikalisierung *einbeziehen* vergleichen ließe. Im Gegensatz zu *Kenntnis* handelt es sich bei *Spiel* eindeutig um ein Ereignisnominal, das eine durative Interpretation zulässt (*ein dreistündiges Spiel*). Anders als bei den vorangegangenen Beispielen ist dieses nominale Element nicht modifizierbar, d.h., es liegt eine hohe Fügungsenge vor:

(131) a. *gut ins Spiel bringen*

b. **ins gute Spiel bringen*

In dieselbe Richtung weist auch die Tatsache, dass Referenzidentität des Subjekts des Funktionsverbs und des Arguments des Funktionsnomens nicht möglich ist:

(132) a. *Peter brachte diese Tatsache ins Spiel*

b. **Peters Spiel dieser Tatsache*

wie auch die Besetzung der Agensposition des Funktionsnomens nicht möglich ist:

(133) **Peter brachte diese Tatsache ins Spiel Ottos*

Dasselbe gilt für die Relativsatzparaphrase:

(134) **das Spiel, in das Peter diese Tatsache brachte*

Eine durative Interpretation ist nicht, eine Kombination mit einem Zeitpunktadverbial dagegen wohl möglich. Gegen eine Interpretation als Accomplishment-Ausdruck spricht, dass bei der Kombination mit *plötzlich* keine inchoative Lesart möglich wird.

Wie *Kenntnis*, so kann man *Sprache* nicht als Ereignisnominal auffassen, genausowenig wie es ein Deverbativum ist. Das Syntagma *zur Sprache bringen* läßt sich mit *ansprechen, thematisieren* paaren. Bei ihm ist adnominale Modifikation nicht möglich:

(135) a. *Dies wolle er ebenso lautstark zur Sprache bringen wie die Nutzlosigkeit von Bundeswehr, Nato und sämtlicher Geheimdienste überhaupt* [B98/803.17543, Berliner Zeitung, 23.03.1998]

b. **zur lautstarken Sprache bringen*

(136) a. *Man kann besonders drastisch Dinge zur Sprache bringen, die in der eigenen Kultur inzwischen auch stattfinden* [B00/ 004.31872, Berliner Zeitung, 18.04.2000]

b. **zur drastischen Sprache bringen*

(137) a. *Sönnichsen war der Erste, der das Thema zu Beginn der 80er-Jahre öffentlich zur Sprache brachte* [B00/009.81799, Berliner Zeitung, 26.09.2000]

b. **zur öffentlichen Sprache bringen*

Referenzidentität des Subjekts des Funktionsverbs und des Arguments des Funktionsnomens ist nicht möglich:

(139) a. *Peter brachte dieses Problem zur Sprache*

b. **Peters Sprache dieses Problems*

ebenso wenig wie Besetzung des Arguments des Funktionsnomens, vgl.:

(140) **Peter brachte dieses Problem zur Sprache der Bevölkerung*

Auch Relativsatzparaphrase ist ausgeschlossen:

(141) **die Sprache, zu der Peter dieses Problem brachte*

Bei der hybriden Bildung *zur Überzeugung bringen* vs. *überzeugen* liegt wiederum indirekte Kausierung vor:

(142) a. *völlig zur Überzeugung bringen*

b. *zur völligen Überzeugung bringen*

Wie die mögliche Relativsatzparaphrase zeigt, handelt es sich hier strukturell um eine nicht zu den hier diskutierten Bildungen gehörende Phrase.

(143) *die Überzeugung, zu der Peter die Leute brachte, war, dass tatsächlich eine Notlage vorlag.*

Auch bei der indirekte Kausierung bezeichnenden Konstruktion *in Verruf bringen* handelt es sich um eine hybride Bildung, was die Paarung mit der einfachen Lexikalisierung *diffamieren* problematisch macht. Adnominale Modifikation ist möglich:

(144) a. *Diese* [scil. die Soldaten] *würden durch einen „rechtsradikalen Schmutzfinken wie den Ex-Soldaten Mike R., der Gewaltvideos erst erstellt hat und sie jetzt offenbar gegen Geld verkauft, in schlimmen Verruf gebracht"* [B97/710.04845, Berliner Zeitung, 28.10.1997]

b. *völlig in Verruf bringen, schrecklich in Verruf bringen*

c. *in völligen Verruf bringen, in schrecklichen Verruf bringen*

Die Charakteristik als Activity-Ausdruck, die den verbalen Bildungen auf -*ieren* eignet, lässt sich der komplexen Bildung nicht zuweisen.

(145) *Das brachte ihn viele Jahre lang in den Verruf, ein unsicherer Kantonist zu sein*

Das Zeitdaueradverbial läßt sich in (145) nur auf den Nachzustand beziehen. Relativsatzparaphrase scheint kaum möglich, vgl.:

(146) *??der Verruf, in den er die Zunft brachte, war fatal*

Auch eine Verbindung mit Zeitpunktadverbialia ist nicht möglich:

(147) **Um Punkt 12 Uhr brachte er ihn in Verruf*

Es ist allerdings sehr fraglich, ob eine derartige Bildung in den hier diskutierten Zusammenhang gehört. Der Resultatszustand 'in Verruf sein' kann zwar durch verbale Aktionen herbeigeführt werden; eine besondere Beziehung zu verbalen Handlungen anzunehmen, würde aber eine Abgrenzung zu Phrasen wie z.B. *Schmerzen bringen* völlig unmöglich machen.

Die nicht sehr verbreitete Bildung *in Vorschlag bringen* (vs. *vorschlagen*) lässt keine adjektivische und genitivische Modifikation zu. Ebensowenig ist Relativsatzparaphrase möglich. Die morphosyntaktische Struktur, Artikellosigkeit und die Abgeschlossenheit der Bildung rücken diese näher zu den phraseologischen Konstruktionen. Das zeigt sich auch bei dem Versuch, das mögliche passive verbonominale Syntagma mit *kommen* zu bilden:

(148) a. *Die Synodalvertretung kann eine Anzahl von Männern, die sie für geeignet hält, vor der Wahl in Vorschlag bringen*

  b. *Eine Anzahl von Männern, die sie für geeignet hält, kann vor der Wahl in Vorschlag (*der Synodalvertretung) kommen*

Weder bei *in Vorschlag bringen* noch bei *vorschlagen* ist eine Activity- oder eine Accomplishment-Lesart möglich.

Wie bereits im Falle von *in Verruf bringen*, so halte ich *in Widerspruch bringen* nicht für eine Bildung, die in den hier diskutierten Zusammenhang gehört, da keine besondere Beziehung zu Kommunikationsakten vorliegt. Auch aus diesem Grund ist die Paarung mit *widersprechen* fraglich. Die komplexe Bildung zeigt eine relativ geringe Festigkeit und lässt adjektivische Modifikation zu:

(149) a. *gänzlich in Widerspruch bringen*
　　 b. *in gänzlichen Widerspruch bringen*

Auch Relativsatzparaphrase ist möglich:

(150) *der Widerspruch, in den sie ihn brachte, war fatal*

genauso wie Extraktion der Argument-PP:

(151) *zu seinem Vorgesetzten brachte er ihn allerdings in Widerspruch*

eine Eigenschaft, die, wie bereits erwähnt, durchaus nicht so selten ist und Aussagekraft bzgl. der strukturellen Anbindung der PP besitzt.

(152) *Mit der Polizei brachte er ihn allerdings in Konflikt*

Dass die hier diskutierten Bildungen einen Valenzrahmen aufweisen können, bei dem ein Argument des 'Funktionsnomens' in den Rahmen des 'Funktionsverbs' transferiert wird, zeigt auch das Beispiel *die Rede/Sprache auf etwas bringen*.

(153) a. *Peter brachte die Rede/Sprache auf Scholz*
　　 b. $^?$≠ *Peters Rede/Sprache über Scholz*

Aus diesem Grund ist die Möglichkeit der Extraktion der PP auch anders als bei den oben genannten Fällen zu bewerten:

(154) *auf Scholz brachte Peter die Rede später*

Referenzidentität des Subjekts des Funktionsverbs und des Arguments des Funktionsnomens ist nicht möglich. U.U. ist allerdings ein Possessivpronomen möglich: *Jetzt möchte ich meine Rede auf das Problem der Reharmonisierung bringen.* Allerdings scheint gewöhnliche adjektivische Modifikation kaum möglich:

(155) a. *wortreich die Rede auf etwas bringen*
　　 b. **die wortreiche Rede auf etwas bringen*

Relativsatzparaphrase ist nicht möglich:

(156) **die Rede/Sprache, die Peter auf Scholz brachte*

Das komplexe Syntagma wie auch die einfache Lexikalisierung *ansprechen* lassen sich nicht ohne iterative Reinterpretation mit Zeitdaueradverbialen verbinden und sind wohl als Achievement-Ausdrücke zu interpretieren.

4.2.2.2 Bildungen mit *setzen*

Die erste hier zu behandelnde Bildung *ins Benehmen setzen* lässt sich mit der einfachen Lexikalisierung *informieren* paaren. Adjektivische Modifikation scheint nicht möglich zu sein, vgl.:

(157) a. *Man habe sich telefonisch mit der GNS ins Benehmen gesetzt* [T94/JUL.31140, taz, 16.07.1994, p. 1]

b. *?Man habe sich mit der GNS ins telefonische Benehmen gesetzt*

(158) a. *Das Gericht setzte die Prozeßbeteiligten umfassend ins Benehmen*

b. **Das Gericht setzte die Prozeßbeteiligten ins umfassende Benehmen*

c. *?Das Gericht setzte die Prozeßbeteiligten ins sofortige Benehmen*

Während das Simplex *informieren* die bereits erwähnten durativen Charakteristika der *-ieren*-Bildungen aufweist, lässt sich die komplexe Bildung ohne iterative Reinterpretation nicht mit einem Zeitdaueradverbial verbinden. Allerdings veranlasst uns die Beschränkung des Elementes *Benehmen* auf nur diese Phrase, diese Bildung als phraseologische Einheit zu klassifizieren. Dem entspricht auch ihre Festigkeit, die sich u.a. in der erwähnten Unmöglichkeit adjektivischer Modifikation zeigt. Eine weitere komplexe Bildung, die sich mit *informieren* paaren lässt, ist *in Kenntnis setzen*. Eine weitere Paarungsmöglichkeit ist *mitteilen*. Wie bereits für *zur Kenntnis bringen*, gilt auch hier, dass diese Bildung eigentlich nicht zu der Menge der hier diskutierten verbonominalen Syntagmen gehört, da *Kenntnis* kein Ereignisnominal ist.

Adjektivische Modifikation ist möglich, wenn auch selten:

(159) a. *umfassend in Kenntnis setzen*

b. *in umfassende Kenntnis setzen*

Referenzidentität des Funktionsverbs und des Arguments des Funktionsnomens ist nicht möglich:

(160) a. *Peter setzt die Behörden über den Vorgang in Kenntnis*

b. *≠ Peters Kenntnis des Vorganges*

Das gilt ebenso für die gleichzeitig Besetzung beider Positionen:

(161) **Peter setzte Otto in Heiners Kenntnis über den Vorgang*

und für die Relativsatzparaphrase:

(162) **die Kenntnis, in die Peter seinen Vorgänger setzte, war umfassend*

Wie bei *mitteilen*, so ist bei *in Kenntnis setzen* die Verbindung mit einem Zeitdaueradverbial nur bei iterativer Reinterpretation möglich, es sei denn, eine distributive Interpretation ist möglich (z.B. durch pluralisches Präpositionalobjekt). Gegen eine Interpretation als Accomplishment-Ausdruck spricht, dass *in Kenntnis setzen* bei Kombination mit *plötzlich* nicht inchoativ reinterpretiert wird, die Verbindung mit einem Zeitspannenadverbial ist jedoch möglich:

(163) *Innerhalb von fünf Minuten setzte er das Gremium davon in Kenntnis, dass die Lage aussichtslos sei*

Bei *informieren* ist das ebenfalls problemlos möglich, bei *mitteilen* erscheint es kaum zulässig. Auch *ins Vertrauen setzen* gehört eigentlich nicht zu den hier diskutierten Bildungen, denn *Vertrauen* ist kein Ereignisnominal. Im Gegensatz zu der einfachen Lexikalisierung *anvertrauen*, die hybrid ist, ist die Referenz von *ins Vertrauen setzen* auf kommunikative Akte beschränkt. Die Modifikationsmöglichkeiten sind sehr eingeschränkt, der einzige Beleg für eine adverbiale Modifikation, der zu finden war, ist der folgende:

(164) a. *offenbar hatten dort sowjetische Funktionäre die amerikanische Botschaft vorsichtig ins Vertrauen gesetzt* [H85/QZ1.20081, DIE ZEIT, 15.03.85,p. 02]

b. **offenbar hatten dort sowjetische Funktionäre die amerikanische Botschaft ins vorsichtige Vertrauen gesetzt*

Wie dieses Beispiel und das folgende zeigen, scheint adjektivische Modifikation ausgeschlossen:

(165) a. *Lay setzte George vollständig ins Vertrauen, dass Enron pleite sei*

b. *$^{??}$Lay setzte George ins vollständige Vertrauen, dass Enron pleite sei*

Relativsatzparaphrase ist ebenfalls nicht zulässig:

(166) **das Vertrauen, in das Lay in Bush setzte, war vollständig*

4.2.2.3 Bildungen mit *stellen*

In der Bildung *in Abrede stellen*, die mit *leugnen* paarbar ist, tritt das Nomen *Abrede* nur in dieser Wendung auf und zeigt eine hohe Festigkeit hinsichtlich nominaler Modifikation oder Relativsatzparaphrase:

(167) a. *völlig in Abrede stellen*

     b. **völlige Abrede stellen*

(168) **die Abrede, in die Peter die Sache stellte*

Auch die Referenzidentität des Subjekts des Funktionsverbs und des Arguments des Funktionsnomens ist nicht möglich:

(169) a. *Peter stellte die Sache in Abrede*

     b. **Peters Abrede der Sache*

Die ereignisstrukturelle Deutung ist schwierig. Zum einen scheint bei der Kombination mit einem Zeitdaueradverbial eine iterative Reinterpretation einzutreten (wie auch bei *leugnen*); gegen eine Accomplishment-Interpretation spricht aber, dass eine Kombination mit *unterbrechen* nicht möglich erscheint, temporale Extension also nicht vorliegt. Auch die Verbindung mit einem Zeitspannenadverbial ergibt eine iterative Lesart.

Auch *in Aussicht stellen*, paarbar mit *ankündigen* oder auch *versprechen*, ist eher den phraseologischen Bildungen zuzuordnen. Eine adjektivische Modifikation ist nicht möglich:

(170) a. *Peter stellte den Urlaub überraschend in Aussicht*

     b. **Peter stellte den Urlaub in überraschende Aussicht*

ebenso wenig wie Relativsatzparaphrase:

(171) **die Aussicht, in die Peter den Urlaub stellte*

Insgesamt ist *Aussicht* auch kaum als Ereignisnominal aufzufassen.

Dies ist anders bei *unter Anklage stellen* vs. *anklagen*. Hier ist auch adnominale Modifikation möglich, vgl.:

(172) a. *öffentlich unter Anklage stellen*

     b. *unter öffentliche Anklage stellen*

Die geringere Festigkeit der Bildung zeigt sich darin, dass Relativsatzparaphrase möglich ist:

(173) *die Anklage, unter die das Gericht den Angeklagten stellte, war die des Totschlags*

Die Bildungen *zur Debatte stellen* vs. *debattieren, zur Diskussion stellen* vs. *diskutieren* und *zur Erörterung stellen* vs. *erörtern* zeigen alle vergleichbare Eigenschaften. Die Simplicia *debattieren, diskutieren* und *erörtern* sind alle Activity-Ausdrücke. Die komplexen Ausdrücke sind alle adjektivisch modifizierbar:

(174) a. *Peter stellte das Thema öffentlich zur Diskussion*
     b. *Peter stellte das Thema zur öffentlichen Diskussion*

Alle Nomina lassen eine durative Interpretation zu, wegen des ereignisstrukturellen Gehaltes von *stellen* kommt es aber bei der Kombination mit einem Zeitdaueradverbial zu einer iterativen Reinterpretation.

5.   Fazit

Aus dem vorliegenden Beitrag sollte deutlich geworden sein, dass in Abhängigkeit vom ereignisstrukturellen Gehalt des Funktionsverbs, des Funktionsnomens (Ereignisnominals) und der Eigenart der involvierten Präposition und Definitheit die Ereignisstruktur der Gesamtphrase konstituiert wird. Dabei lässt sich feststellen, dass zum einen bei den beispielhaft behandelten Bildungen keine Activity-Ausdrücke vorkommen, auch wenn die einfachen Lexikalisierungen Activity-Ausdrücke sind. Zum anderen sind die Möglichkeiten der Reinterpretation vor allem durch den Einfluss von Definitheit und nominalem Numerus beschränkt. Weitere Untersuchungen – u.a. auch mit FVGn aus anderen semantischen Bereichen – müssen zeigen, ob die hier ermittelten Tendenzen generalisierbar sind.

6.   Literatur

Allerton, D.J. (2002): Stretched Verb Constructions in English. London.

Bahr, Brigitte Inge (1977): Untersuchungen zu Typen von Funktionsverbfügungen und ihrer Abgrenzung gegen andere Arten der Nominalverbindung. Diss. Bonn.

De Kuthy, Kordula (2002): Discontinuous NPs in German. (= Studies in Constraint-Based Lexicalism). Stanford, CA.

Detges, Ulrich (1996): Nominalprädikate. Eine valenztheoretische Untersuchung der französischen Funktionsverbgefüge des Paradigmas „être Präposition Nomen" und verwandter Konstruktionen. (= Linguistische Arbeiten 345). Tübingen.

Ehrich, Veronika/Rapp, Irene (2000): Sortale Bedeutung und Argumentstruktur: ung-Nominalisierungen im Deutschen. In: Zeitschrift für Sprachwissenschaft 19, S. 245-303.

Eisenberg, Peter (1999): Grundriß der deutschen Grammatik. Bd. 2: Der Satz. Stuttgart.

Engelen, Bernhard (1968): Zum System der Funktionsverbgefüge. In: Wirkendes Wort 18, S. 289-303.

Fleischer, Wolfgang (1997): Phraseologie der deutschen Gegenwartssprache. Tübingen.

Glatz, Daniel (2001): Zur Ereignisstruktur von Kommunikationsverben. In: Harras, Gisela (Hg.): Kommunikationsverben. Konzeptuelle Ordnung und semantische Repräsentation. Tübingen. S. 33-60.

Heidolph, Karl Erich/Flämig, Walter/Motsch, Wolfgang (1981): Grundzüge einer deutschen Grammatik. Berlin.

Heringer, Hans Jürgen (1968): Die Opposition von „kommen" und „bringen" als Funktionsverben. (= Sprache der Gegenwart 3). Düsseldorf.

Herrlitz, Wolfgang (1973): Funktionsverbgefüge vom Typ „in Erfahrung bringen". Ein Beitrag zur generativ-transformationellen Grammatik des Deutschen. (= Linguistische Arbeiten 1). Tübingen.

Herrmann-Dresel, Eva (1987): Die Funktionsverbgefüge des Russischen und Tschechischen. (= Heidelberger Publikationen zur Slavistik. A. Linguistische Reihe 1). Frankfurt a.M.

Jie, Yuan (1986): Funktionsverbgefüge im heutigen Deutsch. (= Sammlung Gross 28). Heidelberg.

Kolde, Gottfried (1989): Der Artikel in deutschen Sachverhaltsnominalen. (= Reihe Germanistische Linguistik 96). Tübingen.

Krenn, Brigitte/Erbach, Gregor (1994): Idioms and Support Verb Constructions. In: Nerbonne, John/Netter, Klaus/Pollard, Carl (Hg.): German in Head-Driven Phrase Structure Grammar. (= CSLI Lecture Notes 46). Stanford. S. 365-396.

Krifka, Manfred (1989): Nominalreferenz und Zeitkonstitution. Zur Semantik von Massentermen, Pluraltermen und Aspektklassen. (= Studien zur Theoretischen Linguistik 10). München.

Levelt, Willem J.M. (1989): Speaking. From Intention to Articulation. Cambridge, MA.

Kuhn, Jonas (1994): Die Behandlung von Funktionsverbgefügen in einem HPSG-basierten Übersetzungsansatz. Studienarbeit. Univ. Stuttgart.

Persson, Ingemar (1975): Das System der kausativen Funktionsverbgefüge. Eine semantisch-syntaktische Analyse einiger verwandter Konstruktionen. (= Lunder germanistische Forschungen 42). Lund.

Polenz, Peter v. (1963): Funktionsverben im heutigen Deutsch. Sprache in der rationalisierten Welt. (= Beihefte zur Zeitschrift „Wirkendes Wort" 5). Düsseldorf.

Polenz, Peter v. (1987): Funktionsverben, Funktionsverbgefüge und verwandte Vorschläge zur satzsemantischen Lexikographie. In: Zeitschrift für germanistische Linguistik 15, S. 169-189.

Rothkegel, Annely (1973): Feste Syntagmen. Grundlagen, Strukturbeschreibung und automatische Analyse. (= Linguistische Arbeiten 6). Tübingen.

Shibatani, Masayoshi (2001): The Grammar of Causation. Amsterdam.

Simmler, Franz (1998): Morphologie des Deutschen. Berlin.

So, Man-Seob (1991): Die deutschen Funktionsverbgefüge in ihrer Entwicklung vom 17. Jahrhundert bis zur Gegenwart. Eine sprachhistorische Untersuchung anhand von populärwissenschaftlichen Texten. Trier.

Ullmer-Ehrich, Veronika (1977): Zur Syntax und Semantik von Substantivierungen im Deutschen. (= Monographien Linguistik und Kommunikationswissenschaften 29). Kronberg/Taunus.

Van Pottelberge, Jeroen (2001): Verbonominale Konstruktionen, Funktionsverbgefüge: vom Sinn und Unsinn eines Untersuchungsgegenstandes. (= Germanistische Bibliothek 12). Heidelberg.

Zifonun, Gisela/Hoffmann, Ludger/Strecker, Bruno et al. (1997): Grammatik der deutschen Sprache. (= Schriften des Instituts für Deutsche Sprache 7.1-7.3). Berlin.

Studien zur deutschen Sprache
FORSCHUNGEN DES INSTITUTS FÜR DEUTSCHE SPRACHE

Helmut Schumacher / Jacqueline Kubczak / Renate Schmidt / Vera de Ruiter

VALBU – Valenzwörterbuch deutscher Verben

Band 31, 2004, 1040 Seiten, geb., € 168,–/SFr 266,–
ISBN 3-8233-6064-7

VALBU ist ein einsprachiges Wörterbuch deutscher Verben. Es enthält eine umfassende semantische und syntaktische Beschreibung von 638 Verben mit ihrer spezifischen Umgebung, ferner Informationen zur Morphologie, Wortbildung, Passivfähigkeit, Phraseologie und Stilistik sowie zahlreiche Verwendungsbeispiele. Die Stichwortauswahl lehnt sich an den Verbbestand in der Wortschatzliste des "Zertifikats Deutsch" (ZD) an.

Reinhard Fiehler / Birgit Barden / Mechthild Elstermann / Barbara Kraft

Eigenschaften gesprochener Sprache

Band 30, 2004, 548 Seiten, geb., € 98,–/SFr 155,–
ISBN 3-8233-6027-2

30 Jahre Forschung auf dem Gebiet der gesprochenen Sprache – eine Bilanz. Zunächst wird die Spezifik gesprochener Sprache charakterisiert. Der zweite Teil behandelt die Frage, ob die Untersuchung gesprochener Sprache besondere Beschreibungskategorien erfordert. Die empirische Untersuchung der Operator-Skopus-Struktur steht im Zentrum des Schlussteils.

Joachim Ballweg

Quantifikation und Nominaltypen im Deutschen

Band 28, 2003, 146 Seiten, € 39,–/SFr 67,50
ISBN 3-8233-5158-3

Das Buch gibt eine Darstellung der Quantifikation im Deutschen. Vor allem wird das Zusammenspiel mit den Nominaltypen dargestellt, insbesondere mit Plural- und Substanznomina. Den syntaktischen Rahmen bietet eine in dem Buch entwickelte flexible Kategorialgrammatik. Diese enthält neben der üblichen Applikationsregel noch die Regel der funktionalen Komposition, der Kommutation und der Reduktion, sowie Verkettungsregeln.

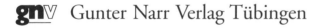 Gunter Narr Verlag Tübingen